探秘明星私募的掘金之道

中国顶级私募访谈录·第五辑

好买基金研究中心 编著

> 中国私募机构大批量地诞生
>
> 总在市场最火热的时期
>
> 而真正的拼杀，是在夏季过后的寒冬
>
> 它们为何能成为寒冬中的幸存者
>
> **探寻10家顶级私募的底层编码**
>
> **从私募行业的领跑者身上汲取智慧**

启林　威灵顿　浑瑾　仁桥　隐山　诚奇　启明　静瑞　源码　高腾国际

上海交通大学出版社
SHANGHAI JIAO TONG UNIVERSITY PRESS

图书在版编目（CIP）数据

中国顶级私募访谈录. 第五辑/好买基金研究中心
编著. —上海：上海交通大学出版社，2023.7
ISBN 978-7-313-28917-9

Ⅰ. ①中… Ⅱ. ①好… Ⅲ. ①股权-投资基金-经理
-访问记-中国-现代 Ⅳ. ①K825.34

中国国家版本馆 CIP 数据核字（2023）第 108529 号

中国顶级私募访谈录（第五辑）
ZHONGGUO DINGJI SIMU FANGTANLU（DI-WU JI）

编　　著：好买基金研究中心			
出版发行 上海交通大学出版社	地　　址：上海市番禺路 951 号		
邮政编码：200030	电　　话：021-64071208		
印　　制：苏州市越洋印刷有限公司	经　　销：全国新华书店		
开　　本：710mm×1000mm　1/16	印　　张：19.75		
字　　数：233 千字			
版　　次：2023 年 7 月第 1 版	印　　次：2023 年 7 月第 1 次印刷		
书　　号：ISBN 978-7-313-28917-9			
定　　价：78.00 元			

探寻顶级私募的底层编码

——五年，五本书，五十家私募的智慧

这是《中国顶级私募访谈录》的第五辑。五年里，我们用五本书，汇集了中国最头部私募的一手访谈资料。这些私募都是相应领域的佼佼者，无论是股票策略，还是商品策略；无论是主观投资，还是量化投资；无论深耕二级市场，还是聚焦一级市场，这五十家私募管理规模合计超万亿元，它们是中国私募行业绝对的领导者。

为什么是它们？为什么两万多家私募中，它们能成为顶级？

一直以来，我们反复思考这个问题。从五年前访谈录第一辑的第一个字，到如今访谈录第五辑最后一个句号，一个答案，正变得越来越清晰。

生于炎夏，成于寒冬

私募机构大批量地诞生，总在市场最火热的时期。2007 年被誉为中国股票私募的元年，2015 年是公奔私的高峰，2020 年则是诸多明星公募经理再创业的年份。这三年都是股市的好时候。

量化私募大量涌现，是在 2013—2015 年的市场活跃期。私募股权，则在 2000—2005 年互联网时代与中国机遇碰撞下，如雨后春笋般出现。

然而，无论哪个领域，夏季过后的寒冬，才是头部机构真正成长、成熟的时刻。

在 2015 年股市崩盘时存活下来的邓晓峰，在股指期货受限、市场情绪低迷中持续迭代的明泓，在投融资的寒冬期与创业者共进退的经纬中国张颖，他们无一不是在寒冬中积聚力量，甩开对手。

在本辑访谈录中，你将看到量化私募启林投资如何"筚路蓝缕，以启山林"，将看到老牌 VC 机构启明创投如何在疫情冲击最猛烈的时期与创业者同行，将看到深耕港股十余载的余小波如何在 2022 年港股大跌时取得正收益。

真正的拼杀，不是在所有人都顺风顺水的时候，而是在行业环境让人窒息的时候。谁稳住了，谁就站上了一个新的台阶。

但是，它们为何能成为寒冬中的幸存者？

不见厮杀，胜负已分

围棋大师吴清源有一句话："真正的围棋高手是你围你的地盘，我围我的地盘，我们可能没有任何厮杀，但胜负已分。"

对弈一词，源于围棋；博弈一词，常见于投资。但高手间的棋局，不是对弈，而是自弈。在这五十家私募的身上，没有一家我们能感受到与人"弈"的味道。大家做的，就是"你围你的地盘，我围我的地盘"。本辑访谈录中，隐山在围自己物流供应链的版图，源码在围"码荟"的资源整合，即便是以仓位择时见长的仁布，也不是与人"弈"，而是在围自己的策略，扩能力圈，提胜率。

大家或是专注于自身的投资体系，或是执着于策略框架的更迭。在寒冬来临时，不见厮杀，但胜负已分。因为在一些周期的极值点，在 2018 年、2022 年这种极端环境下，在巴菲特所说的市场无效的少数时期，在霍华德·马克斯所说的决定未来多年收益的关键性时点，只有足够独立、足够专注、足够坚持，才能稳得住，才能站上新的台阶。

成就顶级私募的因素有很多。能长期做一些自身有优势的、经过时间验证的、能创造价值的事情，无论冬夏冷暖，无视人群，无视对手，专心围自己的地盘，这一点，也许是最重要的。这也是五十家私募最明显的共同点。

胜人者有力，自胜者强。

敬畏周期，穿越周期

投资中，最重要的一个因素，就是时间。因为投资，资产面对的是指数级增长，只要有充足的时间，复利就能够创造奇迹。就如《三体》中所说，一个细菌，如果半小时分裂一次，只要有足够的养料，几天之内它的后代就能填满地球上所有的海洋。这就是指数级增长的力量，而指数级增长，需要时间。

所以投资中，我们经常听到的一个词，是长期。但长期不易做到，因为有周期，有波动。周期阻碍我们的时候，不在春暖花开，而在严寒彻骨。

这也是我们最应从私募行业的领跑者、幸存者身上汲取的智慧。它们的成功，源于一次又一次在周期的寒冬中生存、成长。而它们之所以能做到这一点，不是胜人，是自胜。

好买也希望自己能做到这一点，足够独立、足够专注地做一些自己有优势的、经过时间验证的、能创造价值的事情，实现长期发展。同时，我们希望我们服务的投资者也能做到这一点，在投资认知、资配组合层面不断自我优化，不断胜己，从而跨越周期，实现长期复利。

最后，感谢我们投研、运营、法务和市场团队的宋达、潘甜芝、李兆元、袁润、刘军、施丹锋、张凯、刘泽龙、周娅、何欣、杨康、杜佼妍、汤雯、胡小雪、王婷婷、徐雪颖和杨晖为本书编写做出的贡献。五年来，编写团队也在见证周期，也在不断地自我强化，并将自身的成长体现在每一辑的访谈录中。

好买财富董事长、　CEO

目 录
CONTENTS

过去十年，国内量化投资走完了发达市场 30 年走过的路。

诚奇，借鉴海外量化机构的发展经验，凭借自身扎实的投研风格，成为国内量化行业的领导者。

未来的路还很长，量化私募行业格局的确立、机构间彼此的竞争还远未结束。

而诚奇，始终锚定长期目标，扎实做好每一步投研，未来十年的千里之行，始于足下。

诚奇资产　何文奇　张万成

做前瞻性的布局，
做最扎实的研究

何文奇
诚奇资产　创始人、董事长兼总经理

- 清华大学学士，东京工业大学硕士。
- 2008 年起历任千禧年基金（Millennium Partners）高级研究员、北京尊嘉资产管理有限公司投资经理、深圳雨润国鼎投资有限管理公司基金经理。
- 2013 年 9 月创立深圳诚奇资产管理有限公司。

张万成
诚奇资产　核心合伙人、投资总监

- 北京大学物理学学士，中国科学院微电子博士。
- 2009 年起历任世坤投资（WorldQuant）高级研究员、基金经理、中国区总经理、全球研究总监、首席研究官及投资决策委员会成员。
- 2020 年加入诚奇资产担任投资总监。

在薄冰上滑冰时，我们的安全取决于我们的速度。——爱默生

量化投资，更像是一场薄冰上的速滑竞赛。**不仅要滑得快，更要比其他人滑得快。要不断应对市场变化，更要在激烈的竞争中快速迭代。**

国内量化投资正以惊人的速度崛起、壮大。2018 年初，量化私募总体管理规模还不足千亿元。那时我们去访谈量化私募管理人，总会问大家对国内量化行业未来的看法。现在想来，即便是当时最乐观、最大胆的预测，与后来的实际情况相比，都显得保守了。

截至 2021 年末，量化私募总体管理规模突破 1 万亿元，不到 4 年时间，行业规模扩大了 10 倍。 规模快速扩张的背后，是量化私募可观而又平滑的超额收益。基于好买跟踪池的数据统计，2018—2021 年，量化私募年平均超额均在 20% 左右。即便在市场大幅波动、主要指数普跌的 2022 年，量化私募平均超额仍能达 20%。**这意味着无论风格切换，无论市场牛熊，2018—2022 年的 5 年时间里，一家平均水平的量化私募，每年都能跑赢指数约 20%。** 这个成绩是非常惊人的。而持续亮眼的超额收益背后，则是无数量化管理人在薄冰上拼速度、拼迭代的结果。

2010 年，沪深 300 股指期货上市，如果将这一年看作国内量化投资元年，那么每隔几年，量化私募主流策略就会有一个大幅的迭代。

2010—2014 年，量化私募主要还是小作坊的模式，几个人的小团队做出几条策略，然后就开始实盘交易。

2014—2017 年，量化私募策略开始以传统的多因子模型为基础，各管理人搭建团队挖掘能解释股价波动的因子。

2018 年开始，以日内量价信号为主的高频策略开始涌现，提高了量化策略的性价比。

量化投资
薄冰上的速滑竞赛

2020 年开始，机器学习技术得到广泛运用，量化投资的因子挖掘与因子组合开始走向非线性。

2021 年 9 月至今，量化管理规模持续跃升之下，多频段多策略的融合成为头部管理人的发展方向。

迭代背后，是旧策略的拥挤、失效，也是量化管理人对新策略、新技术、新模型的持续探索以及对超额收益的执着追求。

"国内量化投资的发展速度是海外发展速度的三倍，也就是说我们用 10 年时间走完了发达市场 30 年走过的路。"

访谈诚奇资产核心合伙人兼投资总监张万成时，他是这样感慨的。

如果说量化投资在中国是从 0 开始，各管理人都是摸着石头过河，也不尽然。**量化投资在发达市场的迭代路径，是国内量化发展的形象预演。** 许多量化私募的核心人员都曾在海外量化巨头任职，而后将先进的量化思想带回国内，播种，生根。这其中，**张万成是海外工作经验最丰富、职位最高、资历最深的量化管理人之一。**

张万成于 2009 年加入全球知名量化投资平台世坤投资（WorldQuant），由高级研究员一路成长为基金经理、中国区总经理，再到全球研究总监、首席研究官及投资决策委员会成员。**在世坤投资担任全球研究总监时，张万成曾带领全球超过 300 人的研发团队，主导世坤投资多个重大的量化研究方向。**

回国加入诚奇资产后，张万成继续担任投资总监，基于国际量化巨头的管理和发展范式，指引诚奇的投研方向和团队分工，率领诚奇的量化投研团队一步步壮大。

"诚奇的发展理念有两条，一是以投研为核心，这一点始终不会变；

二是所有的投研布局都锚定长期目标。海外一些老牌量化机构已经有 30 多年的历史，虽然也遭遇过困难的时刻，但依然能在相对成熟有效的市场上获得长期平稳的收益，我想这也是我们的目标，保持长期的竞争力。"

张万成的这段话，既是对诚奇过去的总结，也是诚奇未来的愿景。

诚奇资产，由量变到质变，由坚守到突破

2013 年，何文奇创立诚奇资产。何文奇本科就读于清华大学，硕士毕业于东京工业大学，学习的都是理工科专业。出于对量化投资的兴趣，何文奇硕士毕业后加入了全球知名对冲机构千禧年基金（Millennium Partners），随后回国组建了自己的量化投资团队。

2013—2015 年，正是量化私募行业第一轮爆发期，大量私募管理人涌现。彼时小盘股与大盘股走势分化，暴露小市值风格成为获取超额的简便途径，量化超额真假难辨。

而 2015 年下半年的股市剧震与 2016 年开始的风格切换带来了量化私募行业的大洗牌。真正重投研、重策略的管理人存活了下来，诚奇是其中之一。

诚奇于 2014 年发行首只对冲策略产品，2015 年管理规模突破 10 亿元。2015 年的股市剧震与 2016—2017 年不利于量化策略发挥的市场环境均未阻断诚奇的前进步伐。2018 年，诚奇开始发行指数增强产品。2019 年，诚奇的管理规模达 40 亿元，站上了一个新台阶。

自成立以来，诚奇坚守自己的目标，以研发为导向，专注于打磨策略，应对市场变化，夯实投研基础。对研发导向的坚守使诚奇在市场风浪

中以自己的节奏持续前进。

2020 年，诚奇迎来了由量变到质变的一年。张万成加入诚奇，将欧美成熟市场先进的量化投研理念和研究框架与诚奇在 A 股市场长期的策略积淀相融合，让诚奇的策略架构有了巨大突破。2020 年以来，诚奇量化超额的水平和稳定性都有显著提升。2020 年，诚奇超额收益达 40%，处于业内前列。2021 年，诚奇在保持超额竞争力的同时，在年底量化私募普遍的超额回撤中，以强劲的超额稳定性，证实了自身投研和风控的硬实力。

在自己的策略领域，做最好的研究

量化投资如黑箱，量化管理人对自身的策略一定讳莫如深。挖掘出了哪些因子，怎样组合这些因子，什么时候用什么因子等等这些问题，都涉及量化机构的策略机密，不会有管理人愿意展示自己的策略黑箱，这一定程度上加大了量化私募调研和评价的难度。

但好买有一系列业绩评估指标，可以从各个维度、多个侧面验证管理人策略的效率、超额的质量、风控的水平等。

长期跟踪发现，诚奇的量化策略可以概括为两个词：独特、严谨。

基于何文奇的长期策略积累以及张万成结合欧美先进框架的整合，诚奇打造出了符合自身优势与特点的多层次统计套利模型。

目前量化机构的主流策略框架以多因子模型为基础，找到对股价变化有预测作用，同时又具备较强经济意义或逻辑意义的因子，而后做因子回归和因子组合。如果发现并使用这些因子的人变多了，因子的性价比会变弱，甚至可能由超额因子变为风险因子。

而诚奇的多层次统计套利模型的复杂程度远远高于传统的多因子模型。所谓"多层次"，即诚奇将量化投研的各个环节精细分解，比如数据清洗层面、因子挖掘层面、因子组合层面、策略组合层面、交易执行层面等等，每个层次都有明确的目标和成果评价标准。

将投研分解成多个层次后，就可以专注于把每个层次都打磨好。比如在因子挖掘层面，投研人员聚焦于因子的预测能力，尽最大可能借助统计的思路以及算力的帮助发现新的因子和模型，并不断验证自己的想法。这种多层次的精细拆解和逐层次的极致打磨可以让量化投研在深度和广度上都上一个台阶。

如果说诚奇独特的多层次统计套利模型体现了何文奇在 A 股本土的投研积累以及张万成在海外量化巨头的团队管理经验，那么诚奇严谨的投研态度则体现了量化研究者的专业素养。

以风控为例，多数量化机构可能把风控作为一个常规性环节，在所有投研流程的最后加一道硬性的风控。有些机构甚至仅做事后风控，即超额出现较大波动时再对策略进行调整。**而诚奇则是在量化投研的每个层次都思考风险控制的问题，让风控贯穿于投研的每个环节。**

比如诚奇在数据清洗层、因子挖掘层以及因子组合层，会思考对于某些风险的暴露程度，从而更精准地控制风险，防止因子失效或者模型整体出现大幅的超额回撤。

诚奇的超额业绩也侧面证实了诚奇投研框架的独特性以及投研态度的严谨性。2021 年末，市场环境快速变化，各量化管理人的超额收益普遍回撤，行业平均回撤幅度为 4% ~ 6%，而诚奇的超额回撤幅度仅在 2% 左右。

　　无论是 2015 年下半年还是 2021 年末，只有在市场风险释放后，我们才能切实看到哪些管理人是在踏实地做投研、认真地做风控，哪些管理人只是随波逐流，经不起风浪拍击。

　　诚奇穿越多轮市场周期的成长，让我们看到了它以研究为核心的底色。如何文奇所说：

　　"其实对于管理规模，我们并没有明确的预期，对于规模排名也没有十分硬性的追求。诚奇的发展规划是坚持在自己的领域做最好的研究，逐渐精进，在 A 股逐步迈向成熟时，我们仍可以在复杂的市场上持续获取超额业绩。"

千里之行，始于足下

　　如果说过去 10 年，国内量化投资走完了发达市场 30 年走过的路，那么未来会走向何方，或许也有迹可循。张万成正是基于海外发达市场的量化迭代路径，指引诚奇的投研路线。

　　"海外市场相对成熟，量化投资已经发展了 30 年以上，很多在海外市场出现过的问题，我们预期在 A 股市场可能也会出现，所以在投研、风控、团队管理方面我们可能会有一点超前性或预见性。

　　我们会提前布局一些可能有用的研究，哪怕是一些收益暂时还不高的因子，因为随着市场有效性的提高，此前最强的因子会被竞争或博弈稀释，提前布局的研究在未来就会有用武之地。"

　　张万成是这样说的，诚奇也是这样做的。

　　未来的路还很长，国内量化私募行业的格局还未确立，机构间彼此的竞争还远未结束。股市的波动与变化也让量化行业的未来充满变数。这场在薄冰之上的速滑比赛还在继续。**而张万成源于发达市场投研经历的洞察，以及诚奇以投研为核心的匠人精神，或让诚奇的发展又多了一分确定性。**锚定长期目标，扎实做好每一步投研。千里之行，始于足下。

诚奇资产

- 诚奇资产成立于 2013 年 9 月，为证券业协会会员单位、基金业协会观察会员单位，并取得了私募投资基金管理人资格。

- 诚奇资产在 A 股市场和国内期货市场已有近 11 年的投资经验，正式以基金管理人身份发行公开产品也已有近 8 年时间，实盘业绩优异，多年为客户创造稳健回报。截至 2021 年底，各类资产管理规模超 400 亿元，并且依然持续增长。

- 诚奇资产拥有一套成熟的量化策略开发平台与策略评估系统。结合各类基本面数据与市场信息定量化分析、大数据处理、机器学习、人工智能等多项先进技术，使公司实现了从策略研究、模型开发、风险控制到实盘交易均依托于高度程序化的量化研发体系。

在自己的领域，做最好的研究

访谈时间：2022 年 9 月

量化投资的核心是研究，研究的核心是人才

好买： 您在求学期间学的是工科，主攻空气动力学方向，2007 年毕业之后却选择在千禧年担任高级量化研究员，是什么契机让您走上量化投资这条路呢？

何文奇： 我本科和硕士学的都是理工科，研究生阶段研究的方向是通过数值计算与统计分析来解释高速空气流动中的能量散逸问题。

我在美国留学时，在一次校友聚会上遇见一位在雷曼从事量化研究的师兄，他提及我们当时研究课题所用到的数值模拟与统计分析正是华尔街最前沿的量化投资工具，当时我对统计分析的这个应用方向很感兴趣。

2007 年，我硕士毕业回到北京，偶然看到千禧年正在招聘理工科背景的毕业生进行欧美股市的量化研究，通过这个机会，我加入了千禧年，开始接触量化投资的基本理念和方法。

好买： 2013 年您创立诚奇资产，2014 年发行首只阳光私募产品，2015 年诚奇的管理规模就突破了 10 亿元，发展非常快。尤其是 2020 年张万成的加入，可以说是让诚奇如虎添翼。您认为 2020 年张总的加盟给诚奇带来了哪些方面的升级？

何文奇： 张总给诚奇带来了欧美成熟市场比较先进的量化投研理念和研究框架。结合此前我们在 A 股市场的长期实践，诚奇的研究能力从此有了比较明显的提升：从相对简单的统计套利，逐步过渡到多重统计；从相

对简单的机器学习，逐步升级到深度学习。诚奇也持续引入了更多研究员在新的投研体系下进行研究，进一步发展了自身的研究实力。

好买：2014 年、2015 年国内量化私募如雨后春笋般大量涌现，但市场的高波动以及行业的激烈竞争使多数私募都逐渐没落并消失了。您觉得国内量化私募管理人若想在行业里脱颖而出、发展壮大，需要具备哪些核心竞争力？

何文奇：我认为量化投资的核心竞争力一定是团队的研究能力。若想做好研究，就需要在理念、框架、策略研发等各个方面形成自己的特色，既要跟随市场的变化有所调整，又不能随波逐流，要在团队自身比较擅长的领域充分发挥，做到极致优秀，才可能在竞争中脱颖而出。

好买：**您认为诚奇的核心竞争力是什么？**

何文奇：我们的核心竞争力有三方面。第一，我们的研究理念十分先进，在能够深度学习优化的多重统计套利的框架下展开研究工作；第二，我们在 A 股市场有丰富的实践经验；第三，我们的研究能力仍在持续提升。

好买：对量化机构来说，人员也是核心竞争力之一。诚奇的团队一直以来都比较稳定，诚奇是如何实现这一点的？量化研究员在诚奇会有怎样的发展空间？

何文奇：诚奇是以研究为核心的团队，为了保持竞争力和团队稳定性，一直致力于在研究上建立自己的特点与优势。

量化投资的核心是研究，研究的核心是人才。仅仅做到招揽人才是远远不够的，后续的每个环节都十分重要，包括具体做什么方向的研究、用什么样的数据和工具等等。

当前阶段，量化投资需要的是大规模的深入研究，而不是招几个人、开发几个策略就可以获取收益。我们需要的是数十位，乃至上百位研究员在健全的投研框架下从不同方向研发大量策略，再对这些策略进行筛选、评价、风控和算法执行。

这就需要我们具备先进的投研体系、完善的基础建设、健康的公司文化和公平合理的激励制度。关于研究成果如何在金融市场应用并获利，又会涉及募集管理、产品管理、风控合规等多个部门的协同。

好买： 诚奇如何构建整体团队以及投研模式？

何文奇： 诚奇以投研为核心，但仍然需要很多外延部门，包括产品、交易、风控、市场等，公司的发展要和投研的发展相匹配。

首先要有合理的管理规模，然后正确使用投研的成果去获取相应的回报，再用这样的回报激励研究员，进而提升我们的研究能力。

好买： 近两年诚奇在人员招聘上有什么偏好吗？

何文奇： 我们通常结合自身团队的需求，招聘合适的人才。从初期的甄别到培养，再到研究成果的使用都是非常重要的过程，需要遵循客观的发展规律。

张总加入之后，我们的研究员团队迅速扩大，已经从十几人扩张至50多人，希望明年研究团队人数超过100人。与此同时，我们还要保证这些研究员能够得到很好的培养，保证他们产出的研究成果可以正确地被使用到投资中。

好买： 诚奇未来的发展规划是什么？您和张总想把诚奇打造成一家什么样的量化机构？

何文奇： 其实对于规模扩张，我们并没有明确的预期，对于规模排名也没有十分硬性的追求。我们不认为做头部机构就一定是最好的发展方向，未来诚奇的管理规模不一定在头部，但一定会在一个相对合理的位置。

我们的发展规划是坚持在自己的领域做最好的研究，逐渐精进，在 A 股逐步迈向成熟时，我们仍可以在复杂的市场上持续创造超额业绩，承担起投资人对我们的认可和信任。

多方向拓展策略，多环节严格风控

好买： 2021 年第二、三季度，量化私募行业的管理规模快速扩张，进一步带来策略拥挤的问题。2021 年 9 月，量化超额普遍出现较大回撤，而诚奇在这个阶段仍然维持了很好的超额表现，诚奇是如何做到的呢？

何文奇： 我认为主要有两个原因。**第一，诚奇策略与规模的匹配做得比较好**。在发展规模前要优先发展研究能力，要理性扩大管理规模，确保研究能力能够覆盖管理规模。

为了保证有足够的研究能力，我们会反复去做理论的规模研究，会测试规模扩大之后当前的策略是否有效，当前的算法执行能力是否可以支撑，倘若这些条件都可以满足，我们才会选择继续扩大规模。在规模扩大的过程中，我们也会回溯业绩、超额能力和执行能力是否和预期一致，如果一致，才会继续扩大管理规模。

第二，诚奇十分重视风控。我们的风控是自上而下的风控，从单个策略、策略组合、策略评价的角度主动对风险进行控制，而不是在策略完成之后才去进行被动的风控。

因此一旦市场行情出现波动或者风格突变，这种自上而下的风控就会产生效果。在市场行情不好的时候，我们会优先把回撤的控制作为重点；在市场相对比较稳定的时候，我们才会考虑收益的累积。

好买： 诚奇策略迭代的运作模式以及看法是怎样的？

何文奇： 策略永远有可能失效，因为市场从未停止过变化，因此策略迭代是必要的，量化研究需要不断升级自己的思考能力并积累经验。

我们目前使用的是多层统计框架，但并不能保证每个底层策略都有效或永不失效，我们要保证的是每年新研发的策略数量超过失效的策略，这样可以控制策略失效带来的影响。

好买： 您认为量化私募的规模扩张对整体行业的影响主要会体现在哪些方面？

何文奇： 量化投资整体规模的发展可能会产生两方面影响，既有积极的，也有消极的。积极的一面是，能让更多投资人分享量化投资的成果，让更多人了解量化投资；消极的一面是，如果量化团队在研究能力无法匹配的情况下扩大规模，可能会稀释超额，甚至会面临超额回撤的风险。

从2021年的情况看，量化规模扩大并不是量化业绩回撤的唯一原因，另外的原因还有市场整体成熟度在增加、超额总体水平在下降，从而对包括量化投资在内的二级市场投资产生了不利影响。

好买： 2021年以来，量化策略的周期性越发明显，波动也有所放大，诚奇会通过何种方式来维持超额收益在不同市场环境下的竞争力和稳定性呢？

何文奇： 我们是多重统计的研究框架。第一，我们要保证策略的方向足够多，不只是研究跨日的量价数据，还有中长周期的基本面数据，还有研报、公告等信息类数据，从多个方向获取超额收益。

第二，我们会利用深度学习的框架根据市场情况对策略进行选择和评价。比如，在市场风格切换比较剧烈时，需要依托中高频策略获取收益；在市场流动性较差的时候，我们则希望通过中长周期的基本面数据获利，要保证深度学习框架能够及时根据市场情况进行调整。

第三，要把自上而下的风控做好。当市场整体的盈利能力降低时，要把回撤控制好，可以少挣一些钱，但不要冒太大的风险，等市场恢复之后再去获取收益。

好买： 我们在观察量化私募管理人未来的策略迭代方向时发现，多数已开始在不同频段做策略的糅合与分散。诚奇如何看待不同频段的策略糅合？

何文奇： 每个方向的策略、数据都有自身固有的特点、优势以及可能的缺陷，**我们要做的是在已有框架下，尽可能多地开发不同方向的策略。**

中高频数据的策略容量限制较大，基本面的数据则会受到整体经济周期的影响，我们的目标是既要在这两个方向上做得更多、更好，同时又要想办法利用深度学习的技术在不同策略之间进行适当的切换，使策略权重向适合市场行情的方向偏移，这样才能在不同的市场环境下获取收益并控制风险。但这一切都依赖于底层的策略方向要足够多，并要有合适的方法筛选好的策略。

好买： 您觉得国内量化投资在各频段的策略上与海外成熟市场有何差异？

何文奇： 在欧美市场，中频或中高频的收益空间非常小，而目前国内市场还不够成熟，中高频的交易机会仍然存在。

　　另外，无论从研究的深度还是技术使用的先进性来看，目前国内中高频策略对比美国还是相对落后。美国有专业从事高频交易的团队，在硬件的极致优化方面比国内团队做得更深、更优秀。

　　好买： 您认为目前国内量化管理人的策略框架与海外头部的对冲基金相比差距如何？

　　何文奇： 差距一定是有的，但是A股市场有其自身的特点，这要从两方面来看。第一，美国的量化已发展了三四十年，量化管理人在美股市场已经进行了充分博弈，留存下来的研究理念和框架都十分成熟。与之相比，国内的量化可能还处在一个相对初级的阶段，但这也意味着国内的量化投资未来还有很大的发展空间。

　　第二，A股市场与国外市场情况不同，并不是仅仅依靠借鉴海外市场的经验就可以获取收益。A股本身的一些市场特征，比如非T+0交易、缺少做空工具等，可能导致在海外市场有效的策略在A股市场并不有效，反之亦然。

　　好买： 随着A股市场的逐步成熟，超额空间会有一个逐渐收窄的过程，您如何看待未来3~5年国内量化行业的整体超额水平？

　　何文奇： 从较长的周期来看，超额肯定会逐渐降低，但是中短期不必担心市场会突然转向成熟。欧美的量化交易占整个市场的80%，投资者构成中绝大部分是机构投资者，交易制度也比较完善，A股市场至少未来3~5年都很难实现这样的局面。

　　尽管长期来看，市场会变得更有效，量化投资团队之间的竞争也会越来越充分，但只要我们投入人力、物力、算力，将研究做得更深入、更好，积累更多经验，无论市场环境如何变化，我们依然可以凭借独特的研究和投资方法获取具备竞争力的超额收益。

把控机器学习技术，适度引入另类策略

好买： 您如何看待机器学习在量化投资中的应用？未来机器学习技术可能的延伸方向在哪里？诚奇又是如何运用机器学习技术的？

何文奇： 机器学习是量化投资主要依赖的手段之一，但我们并不完全依赖于机器学习或深度学习。机器学习的方法有很多，深度学习的模型也在不停地升级换代，不同管理人对其有不同的想法和理解，进而也会有不同的应用结果。

我们团队借鉴的是人机交互的方法，机器学习和深度学习只是工具，研究员会在研究过程中判断机器学习的结果如何，是否符合自身的需求。

我们也会尝试使用新的深度学习方法，并通过多层的统计框架保证所使用的方法经得住历史的检验，也会在实盘中进行实操和升级。

好买： 您觉得将机器学习和深度学习的方法应用到量化领域的过程中可能会遇到哪些挑战?

何文奇： 第一，需要收集很多数据，并要确保数据的质量；第二，需要估计可能使用的算力，并决定使用哪些具体的方法或模型进行计算；第三，需要决定如何评判计算结果。

在运用机器学习和深度学习的过程中存在一个比较普遍的问题，就是使用者极易在研究过程中拼凑出一个结果。这样凑出来的完美结果常常经不起市场检验，这也是机器学习技术应用过程中的一大挑战。

我们需要增加对机器学习和深度学习的认知深度，并在历史交易中积

累经验，才可以认知到机器学习的局限在哪里，需要如何控制，在哪里可以使用。

好买：您认为另类数据在未来会不会成为获取超额的重要途径？另类数据的核心优势会体现在哪些方面？

何文奇：在欧美成熟市场，另类数据十分重要，因为基础数据已经被挖掘数十年，且挖掘得比较充分，所产生的超额收益会明显降低。

从A股自身情况来看，量化投资的发展历史还相对较短，一些基础数据并没有被充分挖掘，仍然有很大的空间。所以在A股市场，另类数据虽然很重要，但当前我们并不认为它是量化策略非常重要的组成部分。

长期来看，A股基础数据的挖掘迟早会非常充分，届时基础数据的超额会被逐步稀释，另类数据的重要性就会逐步体现。

此外，另类数据的定义也在发生变化，很多相对规范的数据在发达市场已经不是另类数据了，但在国内可能还被称为另类数据。

不过对数据的追求其实也是对信息的追求，我们愿意获取更多的数据，这些数据当然包括另类数据。

好买：诚奇如何对另类数据进行挖掘和使用？

何文奇：诚奇组建了专门收集、处理、回测另类数据的团队，这是我们近两年重要的工作方向。但基础数据研究仍是我们的重点，完全依赖另类数据去获取收益或控制风险是不现实的，只有在基础数据挖掘得十分充分的情况下，另类数据带来的叠加收益才可以产生锦上添花的效果。

好买：未来一段时间，诚奇在基础数据的挖掘上重点会关注哪些方面？

何文奇：我们会招募更多研究员，带来更多不同的想法，包括与此前策略负相关的策略，进一步带来额外的收益并使整体的风险控制得更好。

目前我们团队对于基础数据的挖掘还不充分，A 股市场也在快速变化，现在仍需要大量研究员在新的市场环境下去挖掘策略。

确保策略的迭代速度超过市场的演变速度

好买：诚奇是业内风控做得非常好的管理人之一。在风控方面，业内比较流行的做法是限制风格敞口或是强调行业中性，请问诚奇对这两种风控手段有何看法？

何文奇：我们的风控模式是自上而下的，主要通过多层统计，在选股以及策略层尽可能地分散风险，而不是实行被动的风控。风险的评价维度有很多，如果只关注风格中性、行业中性这两个维度，而忽视其他维度的风险暴露，这会带来很大的问题。

一方面，我们会通过分散持股的方式管理风险，一个典型的持仓可能会达到两千多只股票，单股持仓可能不高于 5‰，甚至经常不高于 3‰；另一方面，尽管我们在单一的指标上并不是中性，但在每个风险指标上相对来说都不会太暴露，这样才可以把整体风险控制好。

好买：2021 年以来，市场上赛道类或概念类的赛道投资兴起，比如新能源、光伏、锂电池等主题，诚奇对于这种动态变化的概念以及风格会做什么样的处理？

何文奇：对于热点板块，我们一般不会做主观处理，还是倾向于从基础研究出发解决问题。赛道或个股中短期的激烈变化是必然存在的，我们始终保持分散的持仓，致力于从统计上不断累积微小的收益，而不是通过

确保策略的迭代速度
超过市场的演变速度

博弈某个热点赛道去获取收益。

好买：近几年诚奇的管理规模不断扩大，与刚创立时相比已不可同日而语。一路走来，您觉得在规模还比较小的阶段以及当前管理规模业内居前的阶段，两者相比，在策略或者公司管理方面有哪些不同之处？在两个阶段您管理诚奇遇到的难点又有哪些？

何文奇：在发展的初级阶段，我们欠缺的是更有深度的研究，面对的却是一个相对简单的市场。现阶段，我们的研究方向和深度都有了很大程度的发展，投入的人力和算力资源也相对充足，但我们面对的却是一个日益复杂且竞争非常激烈的市场。

虽然两个阶段有所不同，但我们的核心追求不变，即持续升级自己的研究能力。这其实是一个跟市场赛跑的过程，要确保自身策略的迭代速度跟随或超过市场演变的速度。

好买：您觉得随着诚奇管理规模的扩张，在量化策略里交易执行部分的重要性是不是会有显著提升？

何文奇：是的，规模扩大之后，除了研究能力，产品管理、交易、风控等能力都应该逐步加强。当然我们核心的获利能力还是通过多层统计套利进行选股，合法合规地完成交易。然后就是尽量不要影响股价，所以我们一般会达到或尽量接近日内平均价格的标准，来完成交易需求。在不依赖于交易获利的情况下，我们交易团队的能力是能够完全胜任的。

好买：2021年开始，头部的量化管理人都陆续发行了全市场选股产品，诚奇也是较早一批发行全市场选股产品的管理人之一，您觉得未来国内量化产品在产品端会向哪个方向发展？

何文奇：我们推全市场选股的原因有以下几个方面。第一，每个指数都有其自身的风格以及收益风险特征，但并不一定契合投资人的需要。第二，如果大家都去锚定单一指数，资金的集中可能会使它本身的业绩产生一定的波动，会形成额外的风险。

在这种情况下，我们倾向于在全市场进行选股。不过不管什么类型的产品，最终仍要回归投资人本身的需求。

好买： 2022 年 7 月，IM（中证 1000）股指期货上市，这也给 1000 指数以及成分股带来了流动性的提升，您觉得 IM 的上市在未来一段时间对 1000 指增以及市场中性产品会产生什么样的影响？

何文奇： 对市场中性产品来说，中证 1000 股指期货的推出是有利的，因为增加了对冲工具的选择，会进一步降低对冲成本，在多头边的选股范围也会更加宽泛。

对 1000 指增产品的影响则要辩证看待，一方面它可以使 1000 指数成分股的流动性有所改善，另一方面则会使 1000 指数的定价更加合理，因此对于 1000 指增产品来说，1000 股指期货的推出是相对中性的。

我们所有的投研布局，

都锚定长期目标

访谈时间：2022 年 9 月

打造多层次投研架构，给研究员充分的学习和创意空间

好买： 2009 年您开始在世坤任职，2012 年开始担任世坤的全球投研总监，之后离开世坤回国做量化投资的原因是什么？

张万成： 主要原因还是看好国内市场的发展，之前在研究海外市场时，能够观察到相对于海外市场，国内市场仍然处于不完全有效的阶段，还有比较多的机会。

海外的工作经历也使我观察到海外机构在成长过程中的优势和可能遇到的问题。实际上，海外很多量化私募巨头中，华人在顶尖的基金经理或研究员中占比是非常高的，达到一半以上。这也促使我去吸取海外的先进经验并将其本土化，争取能和海外公司相竞争。

好买： 在海外量化巨头的从业经历对您在诚奇的整体策略框架和投研模式的构建有什么影响吗？

张万成： 我们会借鉴海外一些已经成熟的研究框架、研究体系和研究思路。除了技术层面，在管理层面、风控层面也有很多可以借鉴的东西。因为海外市场相对成熟，量化投资已经发展了 30 年以上，很多在海外市场出现过的问题，我们预期在 A 股市场上可能也会出现，所以在投研、风控、团队管理方面我们可能会有一点超前性或预见性。

好买： 国内量化私募的投研团队一般有两种模式，一种是多 PM（组合经理）的模式，另一种是偏流水线的模式，您对这两种模式的优劣势有

怎样的看法?

张万成: 严格来讲，不能说哪种模式更好或更差，它们都有各自的优缺点，也并非完全不能兼容。比如我们在策略上是高度流水线式的研究，这并不排斥仍然有多个基金经理基于一个共同平台去使用这些因子。

好买: 诚奇的投研架构大概是怎样的? 主要的优势体现在哪些方面?

张万成: 我们首先是一个多层次的研究架构，垂直来看是一个高度流水线式的结构，从数据层到因子层，到各种组合，再到最后的产品管理，分成了很多精细的层次。

同时，我们也希望研究员能有一个好的发展路径，不局限于做特定层次的工作，而是能够变成一个全能的投研角色，从一个没有经验的研究员逐渐成长为一个对市场很熟悉，也有很多深刻理解的基金经理，所以说我们在层次上是流水线的层次。然而我们在分工上，研究员（包括资深投资经理）可以在多个层次上做很多方面的工作，并不是只做因子，只能做低频、高频或某种特定的工作。这样分工的原因有二，第一，希望给研究员提供一个比较好的成长路径；第二，能够发掘大家在不同层次上的创意和思路。

好买: 诚奇在策略和公司运作上有没有遇到过比较艰难的时期? 是如何去克服的呢?

张万成: 对量化投资而言，每一个时期都不容易。量化投资是一个需要永远前进的行业，这是它的行业属性，我们一直在尽最大的努力不断前行。

如果仅从市场角度讲，2021 年第四季度相对比较困难。但是市场的困难不会过多影响研究的结构或步伐，我们还是会朝着既定的长期目标前进。

将研究做得更精细、更具前瞻性

好买： 您觉得在策略框架方面，国内头部的量化机构和国外对冲基金在目前阶段的差异主要体现在哪些方面？

张万成： 从框架或研究思路来看已经比较接近，甚至在部分领域，比如对中国本土市场的研究，国内机构可能已经实现了赶超。但是在很多积累方面，比如在数据处理的细节沉淀上依然存在一定差距，还需要长时间的人力、物力、经验去填充研究框架。

好买： 诚奇的偏中频的统计套利模型和我们比较熟知的多因子模型之间存在什么样的异同呢？

张万成： 多因子模型一般是指找出市场上经济意义和逻辑意义都很强的因子，然后用多因子回归去做组合。当然，如果使用这些因子的人变多，因子本身的风险就会变大，可能会由获利因子变为风险因子。

统计套利的因子模型在复杂程度上远远高于传统的多因子模型，可以借助统计的思路以及算力帮助研究员验证自己的想法，进而发掘新的因子和模型，无论在深度还是广度上都要比传统多因子模型复杂和深入得多。

好买： 诚奇的多层次模型相比于传统的因子配置或者因子合成的优势主要体现在哪些方面？

张万成： 传统的多因子模型可以看作是一个两层的结构，即因子和投资组合。诚奇的多层次模型可以实现诸多好处。首先，研究的每个环节可以分解得更加精细，每个层次有不同的目标以及需要解决的问题，比如在因子层面，要解决的问题就是如何才能预测得更好，可能不太会关心实际交易的问题。

其次，在组合层面也一样，每一层组合解决的问题各不相同，随着层次不断往上推进，最后解决的问题会越来越实际。分解多个层次后，每个层次都可以比较容易地衡量当前层次的工作对上一层次研究的增量。

最后，从风控的角度而言，每个层次都可以实施更为精细的控制。我们可以控制组合层、因子层甚至是原始数据层对某些风险的暴露。所以在多层次的结构下，研究可以做得更精细，风险也可以控制得更精细。

好买：2021年第四季度由于量化私募的策略同质性，多数量化产品均出现了较大的超额回撤。诚奇产品同期的超额表现则相对平稳，诚奇是如何避免这种回撤的？

张万成：不能说我们一定能避免回撤，但是从风控的角度来看，我们并非只在最后一层做硬性的风控，而是致力于做主动风控，防止因子失效或者所用模型本身出现大的回撤。

具体来说，我们做到了以下两点。第一，在因子层面就考虑风险；第二，提前布局可能有用的研究，哪怕是一些收益暂时还不高的因子，因为随着市场有效性的提高，此前最强的因子会被竞争或博弈稀释，提前布局的研究可能会有用武之地。

好买：近一年量化策略表现出比较强的周期性，诚奇如何配置不同频段的策略？如何权衡中高频容量以及中低频周期性带来的影响？

张万成：我们的目标是致力于长期的发展和研究。事实上，美国市场也有这样的周期性，很难预测每一年哪个策略会表现更好或更差，我们在研究上还是追求分散。

不管是高频还是低频，不同可研究的方向我们都会持续地投入。另外，根据国外的市场经验，随着国内市场的进化和管理人规模的增加，大家未来研究的重点还是会更偏向中低频。

好买：您觉得未来中低频策略的发展，和之前比如 2017 年、2018 年相比会有哪些变化？

张万成：我认为在数据的挖掘方面会做得更深入。2017—2018 年，A股市场还没有那么有效，很多基本面策略都在发展的初期阶段，当时看盈利就足够了。

随着市场的进化，现在的中低频策略已经有很多可以改进的地方，需要我们更加深入地挖掘。

还有另类数据的应用场景，虽然它目前还不是国内量化投研的主要方向，但是从欧美市场的长期经验来看，另类策略会占据越来越大的比重。所以一方面我们会在传统的基本面因子上做得更加深入，本质上基本面因子要和主观展开竞争，某种程度上需要借鉴主观的一些思路和做法，才能将细节完善得更好；另一方面，另类数据的新数据源，我相信也会有一些值得关注的应用场景。

在更长的时间维度，保持有竞争力的收益

好买：我们调研过两类管理人，一类是做精细化因子，因子数量可能不是很多，但是每个因子的预测能力比较强，属于强因子；还有一类更偏向机器学习的范式，是特征的概念，特征维度会很广，单个特征不具备很强的预测能力，但是整合以后的预测能力会很强。您对这两种不同模式的看法如何？

张万成： 这两种是不同的研究范式，一种纯粹基于逻辑，研究员完全从思考或论文中得到想法。另一种纯粹从数据端进行挖掘，只看统计特性，并不考究内部的原理。我们并不偏向其中的任何一种，而是希望做到人机结合，将人和机器的优势有效地融合在一起，发挥两者的长处。

这两种范式适用于不同的场景，机器学习在样本量足够大的情况下有很强的优势，但在样本量非常小、数据非常稀疏的情况下则优势微弱。人具有比较强的逻辑性，具有对市场的理解，因此可以对数据做一些预处理。所以我们更希望将这两种方法论有机地结合在一起。

好买： 诚奇在人工和机器学习这两条投研线上是怎样布局的？

张万成： 我们希望是人机结合，或者说两种方法论都可以使用。研究员可以基于逻辑、论文构建一些因子，在有了初始想法之后接入算力，通过机器学习对想法进行快速推广和测试，再用反馈结果改善原始的想法。总之我们觉得人和机器是一种互相辅助，甚至互相迭代、互相进步的关系。

好买： 在运用机器学习的过程中，如何避免过拟合的情况？

张万成： 最重要的还是找到适合它解决的问题。如果说问题本身样本特别少，或者数据非常不稳定，那就不适合机器学习，可能需要人来决定在哪些问题和场景中应用机器学习的算法或范式。

好买： 您对诚奇未来的发展规划是什么？想把诚奇打造成什么样的量化机构？

张万成： 第一，我们始终坚持以投研为核心；第二，我们致力于长期的发展，换句话说，我们希望能活得长久，希望能够保持长期的竞争力。

海外一些老牌量化机构已经有30多年的历史，虽然也遭遇过困难的时刻，但依然能在相对成熟有效的市场上获得长期平稳的收益，我想这也是我们的目标。

好买： 您觉得国内的量化投资想追上海外成熟市场的水平，大概还需要多长时间？

张万成： 在某些方面，国内进步得非常快，比如对本土市场的研究，国内量化机构已经做得非常深入，但是在人员和经验的积累方面与国际量化巨头相比还有一些差距。以我的观察，国内量化投资的发展速度是海外发展速度的三倍，也就是说我们用10年走完了发达市场30年走过的路。我相信，从中期维度来看还是有可能接近或者追上海外发展水平的。

何文奇 & 张万成投资金句
QUOTATION

❶　量化投研需要在理念、框架、策略研发等各个方面形成自己的特色，既要跟随市场的变化有所调整，又不能随波逐流。

❷　量化投资的核心是研究，研究的核心是人才。

❸　风险的评价维度有很多，如果只关注风格中性、行业中性这两个维度，而忽视其他维度的风险暴露，这会带来很大的问题。

❹　我们致力于从统计上不断累积微小的收益，而不是通过博弈某个热点赛道去获取收益。

❺　我们的核心追求是持续升级自己的研究能力，这其实是一个跟市场赛跑的过程，要确保自身策略的迭代速度跟随或超过市场演变的速度。

❻　对量化投资而言，每一个时期都不容易。量化投资是一个需要永远前进的行业，这是它的行业属性，我们一直在尽最大的努力不断前行。

❼　很难预测每一年哪个策略会表现更好或更差，我们在研究上还是追求分散。

被问及启林名称的由来，王鸿勇提到"筚路蓝缕，以启山林"八个字，不禁让人感慨万千。

从古至今，创业都不是一件轻松的事，尤其在日新月异的量化赛道、高手如云的私募行业。最初，启林仅是几个人的小团队，筚路蓝缕、杀出重围。如今，启林已百亿规模、百人团队，筚路蓝缕早已成为历史，而未来的前进之路，仍然没有一步是简单的。

王鸿勇也深知这一点，所以不见骄傲，从未懈怠，踔厉笃行，以启山林。

启林投资　王鸿勇

踔厉笃行，以启山林

王鸿勇
启林投资　创始合伙人、基金经理

- 北京大学物理学博士，德国亥姆霍兹研究所博士后，上海市青年东方学者。
- 负责启林投资策略开发平台搭建、人工智能量化投资策略开发、全频段多策略布局等，累计管理规模超过 400 亿元。

筚路蓝缕，以启山林。

穿着破衣，拉着柴车，开垦山坡林地，此句出于《左传·宣公十二年》，形容古楚先民创业的艰辛。

2022年秋，我们拜访了启林的上海总部。这是启林新的办公场所，刚刚装修完毕，只有一部分员工先搬了过来。

我们到访时正值午后，偌大的办公场所三三两两坐着十数名员工，都躺在靠椅上午休，前方是几块屏幕，背后是写满公式的黑板。

访谈地点定在楼层角落一个气派的办公室，视野开阔、光线极好，我们自然以为这是启林创始人王鸿勇的办公室，然而并非如此。王鸿勇专注于投研，公司的其他事务交由CEO打理，这是CEO的办公室，而王鸿勇的办公室是投研人员工作区旁的一个小房间。

不过这间气派的办公室还是有一个角落属于王鸿勇，一个由储藏室改造的小隔间，里面仅一张简易的床铺，王鸿勇工作疲累之时会在这里休息。

启林从一个小团队成长为如今数百亿管理规模的量化巨头，光环加身、众人瞩目，然而他们纯粹而紧张的投研，始终一成不变。

访谈王鸿勇时，问及启林名称的由来，王鸿勇提到"筚路蓝缕，以启山林"八个字，不禁让人感慨万千。

从古至今，创业都不是一件轻松的事，尤其在日新月异的量化赛道、高手如云的私募行业。最初，启林仅是几个人的小团队，筚路蓝缕、杀出重围。如今，启林已百亿规模、百人团队，筚路蓝缕早已成为历史，而未来的前进之路，仍然没有一步是简单的。

王鸿勇也深知这一点，所以不见骄傲，从未懈怠，踔厉笃行，以启

山林。

量化蛮荒时代，抓住最初的红利（2015—2017 年）

从事量化投资之前，王鸿勇曾是资深物理专家，他是北京大学物理学博士、德国亥姆霍兹研究所博士后，曾担任大学物理系副教授。

王鸿勇说，选择量化道路其实受到了多种因素的影响。一方面，自己本身对投资很感兴趣，2008 年就开始使用量化方法研究期货和股票策略；另一方面，和很多在华尔街从事量化工作的校友深入交流后，王鸿勇逐步开始了解量化的方法论和体系，而此前物理研究中所用到的方法和量化投资有相通之处。

多年的沉淀，只差一个契机。同学聚会时与昔日中科大同窗相遇，三人一拍即合，决定成立一家量化机构。启林成立于 2015 年，最初以自营为主。

彼时国内资本市场蓄势待发，股指期货刚刚推出，市场参与者的不成熟为股指期货的程序化交易带来了相当多的套利机会。但也在同一年，政策的剧烈变动来袭，股指限手、深度贴水、过高的对冲成本对量化管理人形成了很大的冲击。量化的蛮荒时代，机遇和艰险并存。对于刚刚成立的量化私募，想闯出一片属于自己的天地并不容易，仅凭运气肯定不够，需要的是扎实走好每一步。

2015—2016 年，启林成立初期，王鸿勇会亲自带领研究员和实习生开发策略。同当时国内大部分量化私募一样，启林主要采用多因子投资框架。

多因子模型将影响股票价格的各个因素剥离开来，对历史数据进行统计分析并验证，筛选出有效因子，再买入满足这些因子的股票，从而避开对市场的主观判断。

当时量化投资仍处于蹒跚起步的阶段，竞争尚未白炽化，超额收益的获取相对来说比较容易。各机构主要比拼因子的开发效率和迭代效率，以及在组合上谁更有经验。

启林抓住了第一波机会，在量化野蛮生长的时代开始拓展自己的领土。 成立仅 7 年时间，启林的管理规模已达 260 亿元，团队也从 2017 年底的 15 人扩展至百余人，这些成绩均源于最初的快速发展。

量化投资从一开始的不被了解和接受，到逐步得到认可，启林一路见证了行业的发展和策略的迭代。

布局机器学习，保持前沿优势（2017—2020 年）

在多因子赛道开始变得拥挤之前，启林已经觅得蹊径。从 2017 年开始研究机器学习，到 2018 年小规模尝试使用机器学习策略，再到 2019 年的大规模使用，**启林是国内最早一批开始布局机器学习的玩家之一。**

在 2016 年的人机大赛中，AlphaGo 击败人类世界的围棋冠军时，人们可能还未完全意识到这一切究竟意味着什么。时过境迁，人工智能更迭发展，作为它的一个子集，机器学习也逐渐渗透进各个行业，包括量化领域，并正成为竞争优势的新来源。

创建一种方法让机器去学习信息，在大数据中寻找某种规律，便是机器学习的本质。机器可以模仿人类的思维方式，也能够在某些方面突破人类的局限性。

相比早些年量化机构使用最多的多因子模型，机器学习使得对海量数据的分析成为可能。机器学习策略抛弃因子概念，以特征为主，通过模型挖掘市场特征中的内部关联以进行预测，捕捉传统量化中难以发现的数据之间的潜在关系。

在实际经济问题中，一个变量往往受到多个变量的影响。例如一个人的投资回报受到投资本金、投资品收益率、投资时间等因素的影响，若将这些因素量化成解释项"因子"，再将"因子"与被解释项"结果"的关系量化成公式，就能够通过测量因子来预测下一次的结果。这就是多元线性回归模型的理念。

多元线性回归被广泛应用于多因子选股的研究和实践当中，它关注的是本期因子暴露与下一期股票回报之间的线性关系。线性关系的表达式是确定的，而非线性关系的表达式自由度更高，能够更加充分地拟合复杂的现实情况，有更强的适应性。

机器学习可以通过非线性的方式，寻找和挖掘因素和结果之间的潜在关系，可以更加敏锐地捕捉由市场中不合理或非理性因素带来的投资机会。

2018年底，启林进行了一次大的策略更迭。2019年10月，启林再次升级策略，在原有量价多因子策略的基础上，增添了基本面策略和机器学习策略，储备不同策略以应对不同的市场环境。2020年，启林指数增强产品将中证500指数20%的收益增强近3倍，超额水平拼进业内三强，成功转身。

黑箱之外，人们通常看不透其运作机理；黑箱之内，更新迭代却从未

停止。人工智能算法从初期的神经网络发展到后来的 CNN、RNN 等诸多模型，机器学习领域的发展非常迅速。作为最早启航的船，启林始终没有离开前沿，一方面把对市场的理解、机器学习的经验融合进神经网络的设计，另一方面不断吸收并学习新的灵感，设计出具备原创性的神经网络。

正如王鸿勇所说，"其实开发策略最重要的就是要实现差异化，这也是为什么我们非常希望能有原创性的东西，这是我们的投资理念，在机器学习的方法上我们同样也会坚持"。

在机器学习领域的率先布局又为启林赢得了竞争优势，细节上的沉淀和经验的积累也逐渐形成壁垒。投入不止、进化不断，启林在机器学习的道路上持续前进。

多频段、多策略糅合，严控风险与规模（2020 年至今）

2020 年，随着各家量化管理人的规模不断扩大，原先俯拾皆是黄金的量化赛道开始逐渐拥挤。伴随规模扩大而来的是策略的容量问题，一个策略好比一个矿洞，开垦的人越多，价值就越低。和所有事物一样，策略也有生命周期，不存在永远有效的策略，拥挤和失效是其不可避免的终局。

启林开始向全频段融合的方向发展，在高频的基础上逐渐拓展中低频的能力圈。不同频段的策略天然弱相关，从海外的经验来看，全频段能够支撑更大容量的研究框架和方法体系。**信号越丰富，某种程度意味着能够适应的市场环境越多，就好比拥有了更丰富的武器，才能够持续保有竞争力。**

王鸿勇认为，从开发策略的角度来说，高频方向未来比拼的是机器学习方面的研究能力，低频方向则是比拼另类数据的研究，包括基本面、事件驱动等策略的研究能力。

中低频领域的核心竞争力取决于广泛的阿尔法来源，而这离不开多元化的数据。启林成立了专门的数据部门，也在不断扩充人数以支撑对另类数据的需求。在原始数据中挖掘有价值的另类因子的过程，就像把粗糙的原石打磨成玉器，启林不追求绝对的数量，而追求精益求精的质量。

启林自 2017 年开始做低频策略的储备，正式使用低频的基本面策略是在 2019 年。目前启林已将该策略的占比提高到近 40%，这一比例高于整个行业的平均水平。另外，启林在另类数据方面也有比较充足的积累。在多频段布局上，启林有如下两方面优势：

一是研究的广度。在策略组合层面，启林会监控子策略的指标，对权重进行调整，下架长期失效的、拥挤的策略，上架全新的、有效的策略。

二是研究的深度。启林不吝惜在人才、数据、算力方面的投入，致力于开发出有难度的策略。越是低频的数据，越是追求数据的质量、准确性和可靠性。

这些都是启林亮眼超额的基石。

与多频段、多策略糅合相匹配的是启林优异的风险控制和规模控制。启林不盲目暴露市值风格，严控风格敞口，追求低波动下的稳定超额收益。多策略、多周期的布局也有助于风险的分散。2022 年以来，启林的1000 指增超额的年化波动率控制在 5% 以内，较好地捕捉了小盘股上的阿尔法，超额收益稳定且显著。

在规模控制方面，2021 年 9 月以来，启林多次封盘，将规模控制在一个相对舒适的区间。"启林一直将做好业绩放在首要位置，这是要全力以赴的事情，"王鸿勇如是说，"我们会阶段性地考量规模是不是到达了整体策略的容量，当市场处于比较活跃的状态时，我们也会综合考量其风险。"

注重细节打磨，持续开拓疆域

虽然国内量化相比于国外起步较晚，但是近几年发展非常迅速。2018—2020年，量化的超额收益发挥得甚好，也诞生了非常多百亿量化私募。

王鸿勇认为，随着技术进步以及研究框架的引进，目前国内量化在投资方法和框架上越来越和海外顶级的对冲基金高度接轨。

当前量化机构主要比拼的是细节方面的处理，如何开发策略、如何对策略赋权、如何执行层面优化、如何管理风险、如何对信号进行组合等等，都是需要重视的综合性问题，可能会是未来大型量化公司竞争的关键。

"颠覆已有的方法论、框架确实越来越困难，量化行业已经从爆发式的高增长阶段过渡到趋于稳定的追求高质量发展的阶段。管理人现在主要从两方面实现精进，一是提升策略的丰富度，二是重视细节的打磨和优化，包括策略研究、信号融合、交易执行上的细节。"

细节的积累就是壁垒，就是差异性，就是竞争优势。九层之台，起于累土，任何细节的迭代都需要时间的积累。以交易系统为例，在行业发展早期，启林使用的是最简单、最原始的人工交易，历经数年持续的投入，才逐步演进到现在足以支撑更大规模、更复杂流程的成熟而精细化的体系。

细节的积累就是壁垒

就是差异性

就是竞争优势

　　在量化蓝海中无惧风雨、开拓疆域是困难的；在自身规模扩大、行业竞争激烈之时，不断自我进化、坚守细节、保持精进更是难上加难。

　　敢为人先，就是在每一次浪潮来临之前就嗅出机会，勇敢下注，果断布局。自先沉稳而后前进，是在高速发展期，不盲目扩张，不疏于细节，不停止迭代。

　　从不畏艰险的勃勃生长，到精益求精的稳步前行，是不同的阶段，需要的却是同样的精神。启林，如其所名，无所畏惧地拿起斧头，凿向未知的洞穴，待开辟的一定是灿烂的明天。

- 启林投资成立于 2015 年 5 月，定位于基于数理视角和计算机应用进行股票交易的科技公司，力求为客户稳定创造价值，致力于成为国内顶尖的资产管理公司。

- 启林投资是一家学术派量化私募，运用独创的金融数学模型和系统化的风险控制，依托成熟金融市场先进的学术理念、数学模型和技术手段，通过对价格变化的预测获得优势，纠正市场定价错误，力求为客户保持财富的稳健增长。

DIALOGUE

启林投资　王鸿勇

打磨每一个细节，超额源自差异性

访谈时间：2022 年 10 月

持续迭代，协作共赢，不忘初心

好买：您之前主要研究物理，也是物理方面的资深专家，后来是什么样的契机开始接触并进入量化领域？

王鸿勇：这个转变其实受多个因素的影响。一方面，我之前做物理研究时，主要采用大数据模拟粒子运动、研究物理过程，整套研究方法和体系与做量化有很多共通之处。另一方面，我的很多中科大、北大校友在华尔街工作，通过和他们的交流，我也了解了量化的一套方法论和体系。而且我对投资一直非常感兴趣，2008年开始接触股市，2014年开始使用量化方法研究一些期货和股票策略。在这些因素的影响下，我逐步走上量化投资这条道路。

好买：启林这个名字有没有什么特殊的寓意？

王鸿勇：启林是我和中科大的两个同学一起创立的，这个名字引用自《左传·宣公十二年》里的一句话，"筚路蓝缕，以启山林"，形容创业艰辛。取这个名字也是为了时刻提醒自己，创业不可能一帆风顺，要始终保持艰苦奋斗的精神才能够持续不断地创新。其实自创业以来，公司经历了非常多的困难和挑战，我们一直秉持着创业的初心，不畏困难，努力迭代策略，才能够一路走到现在。

好买：启林从2015年开始对外做资管，属于国内量化行业中较早的一批玩家。能否简单介绍一下您从业以来整个量化行业生态的演变和发展过程?

王鸿勇：从业以来，我们见证了量化投资从一开始的不被了解和接受，到逐步得到认可的过程，在这个过程中行业不停发展，策略不断迭代，竞争越发激烈。

2015—2016年，启林成立初期，我带领部分研究员和实习生开发策略。与当时国内大部分量化私募一样，我们主要采用多因子的投研框架。当时属于量化发展的早期阶段，竞争还不是很激烈，超额收益的获取相对来说比较容易。各机构主要比拼因子的开发效率和迭代效率，以及在组合上谁更有经验。

现在大家逐步开始研究更加多元化的策略，包括高频策略和机器学习。我们现在采用的全频段多策略布局、信号融合的框架，也是致力于把基本面、事件驱动、另类等多种策略融合到体系中。

2019—2021年，国内量化一方面高速增长，诞生了非常多的百亿量化私募，另一方面由于引入了大量海外人才，在投资方法和框架上越来越和海外顶级的对冲基金高度接轨。

现在大家越来越注重细节的打磨和优化，包括策略研究、信号融合、交易执行等各方面的细节。以前某个方法论的创新就可能带来大规模的策略迭代，但现在量化行业已经从爆发式的高增长阶段过渡到趋于稳定的追求高质量发展的阶段，大家越来越追求精益求精，专注于将每个细节做到极致。

好买：启林从2017年开始逐步在多因子模型中加入了偏高频的策略。在做这些转变的时候，面临的主要挑战有哪些?

王鸿勇：高频策略主要的挑战之一是数据的体量比较大，需要管理人具有处理海量数据的能力，所以对基本硬件和基础算力的要求比较高。

此外，高频策略对交易的速度比较敏感，需要管理人将交易执行的速度优化做到极致，才能够充分发挥策略的优势。我们主要也是在这两方面发力，一方面在硬件上加大投入，满足算力的需求；另一方面，不断升级交易系统，让交易速度的延时降到最低水平。

好买： 您认为当量化投资进入高频策略时代之后，在细节打磨、交易执行以及底层数据的速度追求上，会比 2014—2015 年单纯用多因子模型赚钱要复杂得多？

王鸿勇： 是的，我们最早做交易执行都是以手工交易为主。2016 年我们开始建立自己的交易系统，到 2017 年完全搭建成熟。从相对偏手工的交易，到半自动化交易，再到现在的全自动化交易，**整个过程中经历了无数次对交易系统各细节的精细化打磨**。只有在持续的优化迭代之下，交易系统才足以支撑我们去运行各种各样的高频策略。

好买： 启林在招聘人才时会不会有一些偏好？

王鸿勇： 我们招聘时对专业没有严格的限制，但总体来说比较偏好理工科背景的学生，会更多地招聘数学、物理、统计、计算机等专业的学生。

好买： 在启林，研究员会获得怎样的发展空间？

王鸿勇： 我们希望打造一个优良的团队，这就需要人才梯队的培养和新老迭代的机制。我们的理念是不对人才有绝对的天花板限制，真正有能力的人向上发展的空间是无限的，当然也需要时间的沉淀。我们现在有一些比较资深的偏 PM（组合经理）的角色，也是从研究员成长起来的。我们希望建立比较完善的新老迭代机制，资深的研究员可以通过一些项目、课题带领年轻的研究员真正沉下心来做研究，并在一些方向取得实质性的进展。

好买： 从 2018—2019 年的几十位员工到现在的 100 多位员工，请问启林如何实现团队的稳定发展？

王鸿勇： 我们的企业文化是诚信、协作、共赢，希望大家能够以比较开放的心态一起做研究。我们有比较好的人才培养机制和激励机制，优秀的员工可以成长为资深的研究员以及组合经理，我们也开放合伙人的激励机制，对员工来说整个空间是向上无限延伸的。

我们希望以团队的方式在这个市场中占据有竞争力的地位，为员工提供有竞争力的薪酬和待遇，这对他们来说既有成长的空间，也有不错的物质回报。满足了这两方面，优秀的人才是愿意与我们长期合作、共同发展的。

好买： 您对公司未来的规划是什么样的？对启林未来的发展有什么愿景？

王鸿勇： 作为一家资产管理机构，我们始终将业绩放在第一位，将给投资人带来回报放在第一位。公司内部也是把投资人放在第一位，员工放在第二位，股东放在第三位。作为一个量化管理人，只有孜孜不倦地追求策略的迭代更新，作出最好的策略，创造好的业绩，才是在这个行业中与投资人长期共赢的不二法门。所以我们的想法其实很简单，就是扎扎实实做研究，扎扎实实开发策略，把业绩做好。

我们不追求规模的盲目扩张，在 2021 年最容易募资的时候，我们停止了对 500 指增策略旗舰产品的募集。我们一直将做好业绩放在首要位置，这是要全力以赴的事情。我们会阶段性地考量规模是不是到达了整体策略的容量，当市场处于比较活跃的状态时，我们也会综合考量其风险。

深耕机器学习，坚持差异化和原创性

好买： 机器学习是启林最显著的标签之一，启林是量化领域较早一批使用机器学习开发策略的管理人之一，您如何看待机器学习在量化投资领域的应用前景？

王鸿勇： 我们从 2017 年开始研究机器学习，2018 年小规模尝试使用机器学习策略，2019 年开始大量使用机器学习算法，启林对机器学习的布局在业内来说应该是比较早的。

机器学习有非常强大的非线性拟合能力，不管在因子开发还是组合方面都有很大潜力，其缺点在于可解释性相对较差。因此，哪怕在华尔街，在相当长一段时间内很多机构都不敢使用机器学习模型。当然到了今天，海外顶级对冲基金都已经对其大量应用，这也是大数据时代技术进步推动投资策略迭代的体现。

机器学习最适合的场景是偏中高频策略的研究，因为它的拟合能力非常强，也正因此，机器学习面临的最主要挑战是如何避免过拟合的风险。在这方面我们开展了大量的研究，也积累了非常多的经验，更倾向于把它用在数据样本比较充足、偏高频的策略上，以便能够充分发挥它的威力。总之，在中高频的偏量价的策略上，机器学习是我们最主要的一种方法论和体系。

好买： 启林从 2018 年开始做机器学习，算是当时第一批吃螃蟹的人。您认为启林从使用高频策略转向机器学习策略时遇到的最大挑战是什么？

王鸿勇： 早期遇到的挑战是过拟合。刚开始使用机器学习模型时，很容易出现"历史回测美如画，一跑实盘就不行"的现象。后来我们做了大量的研究，尝试不同的特征工程方法和神经网络方法，寻找能够在真正意义上找到市场规律并能抑制过拟合风险的方法论和体系，这是一个不断摸索和积累经验的过程。

从开始研究到最终大规模使用整套体系，我们经历了一两年时间。量化研究和做科研是一样的，不是几个星期、一个月或是几个月就能出成果，很多时候需要一年甚至几年时间才能够把一个大的方法论研究透彻，才能够做出比较有竞争力的策略。

好买： 您觉得相比于传统的偏线性的模型或策略，机器学习最显著的优势是什么？

王鸿勇： 优势有很多。一方面，传统的多因子模型容易发生因子拥挤的问题，一旦某个因子被市场的其他参与者发现并使用，就会逐渐拥挤并失效。机器学习则具有较强的非线性拟合能力，能捕捉一些难以找到的市场规律以及一些难以用简单的表达式刻画的因子。另一方面机器学习还有自我学习和迭代的能力，很多机器学习模型会随着市场变化不断迭代更新，把最新的数据引入模型训练中，不断适应最新的行情变化。传统的多因子线性模型虽然也能够捕捉市场的变化，但是适应能力和学习能力相比机器学习弱一些。

然而，机器学习的过拟合风险比传统线性模型要大很多。机器学习是一个很强大的寻找新策略以及避免策略同质化的武器，但同时又非常容易找到错误策略或者过拟合策略。

好买： 最近几年人工智能算法高速发展，从初期的神经网络到后来的

CNN、RNN 以及 Transformer 模型。您在构建团队以及做投研管理的时候，如何确保策略和模型能够跟上整体算法更新的速度？

王鸿勇：机器学习是一个大的方法论体系，我们从来不认为某个单一的神经网络是最优的，而是需要特征工程和神经网络的配合，某些特征与某些特定的神经网络结合才会有相应的化学反应。所以无论从特征的维度，还是从神经网络的维度，都要不断地迭代开发。

在神经网络方面，我们会持续跟踪前沿的网络结构的进展，但不会简单调用其他的网络结构，更倾向于在自己的机器学习研究平台上吸收前沿论文的灵感和经验，进而设计属于自己的神经网络，把我们对市场的理解、有关机器学习的研究经验、对特征的理解融入神经网络的设计。总之，**一方面我们会紧跟前沿，不断吸收、学习、借鉴新的灵感，另一方面内化这些新知，设计出属于自己的不一样的神经网络。**

其实开发策略最重要的就是要实现差异化，这也是为什么我们非常希望能有原创性的东西，这是我们的投资理念，在机器学习的方法上我们同样也会坚持。

布局中低频领域，全频段多信号糅合

好买：启林从 2020 年开始向全频段融合的方向发展，您觉得全频段信号糅合的优势在哪里？

王鸿勇：随着各家机构管理规模的扩大，任何一个单一策略都会面临容量问题，从海外经验来看，全频段能够支撑更大容量的研究框架和方法体系。目前海外顶级的对冲基金，像 Citadel、Two Sigma 等都采用这样的框架，它们的管理规模均为几百亿美元。

当然，每个策略都有自身比较适应的市场环境，反之，也有不适应的市场环境。所以信号越丰富，某种程度意味着能够适应的市场环境越多，就好比拥有了更丰富的武器。

此外，当前的量化投资主要比拼的是细节方面的处理，一方面是开发策略过程中的细节，另一方面是应用策略过程中的细节。如何应用策略会逐渐成为研究和关注的重点，包括如何在不同的市场环境中更好地对策略进行赋权、如何在执行层面对策略进行优化、如何管理风险、如何对信号进行组合等等，都是需要关注的综合性问题，可能会是未来大型量化公司竞争的关键。

好买：2021 年 9 月开始，由于规模的快速扩大，整个行业迎来了一波调整。我们跟踪发现，在这波集体回撤中部分偏全频段的管理人表现得比单一策略的管理人要好很多。2020 年启林开始做全频段，会涉及一些偏中低频的领域。启林在中低频领域的布局大概是什么样的？

王鸿勇：我们在中低频领域最关注的核心竞争力是数据，低频的策略核心是需要有比较广泛的阿尔法来源，而这离不开多元化的数据。我们成立了专门的数据部门，也在不断扩充人员以满足对另类数据的需求。

低频策略需要研究员潜心钻研，因为很多另类数据，包括一些非结构化数据，其原始数据比较脏、比较乱，需要对每个子策略进行认真打磨。我们不追求绝对的数量，而追求精益求精的质量。

此外，我们也比较注重策略是否符合经济学的逻辑和解释。在低频领域我们较少用到机器学习的方法，而是更加关注模型的可解释度。

好买：在开发中低频策略与高频策略时，无论使用的方法还是适用的

不追求绝对的数量

而追求精益求精的质量

场景，对研究员的要求都不太一样。作为目前量化行业的顶级私募之一，启林搭建投研团队的理念是什么？

王鸿勇： 我们希望能够形成团队作战的模式，这一方面需要有好的研究平台和研究工具的支持，另一方面，团队成员不仅要发挥自己的优势，也要相互协作。

在启林，大量非常有竞争力的策略并非由个人完成，通常是团队协作的结果。开发不同类型的策略所使用的方法论和所需的能力及禀赋是有一定差异的，有的人擅长因子和特征的开发，有的人擅长机器学习的模型开发和研究，有的人擅长另类数据的分析和建模，而我们要做的就是找到开发不同策略所需要的合适人选，然后尽可能地发挥每个人的优势。

深度理解、合理评价各类策略，形成投研核心竞争力

好买： 市场会阶段性出现风格转换或者策略失效的情况，如果整体策略中非线性模型的占比更多，则这个问题的处理就更加复杂，您如何看待复杂模型的阶段性失效问题？

王鸿勇： 每个策略都有生命周期，在周期中会遇到适应以及不适应的行情。如果同类型的策略被市场其他参与者发现，它就会衰减甚至失效，这是每个策略的宿命，所以不存在永远赚钱的策略。

我们一方面开发有竞争力的弱相关性策略，另一方面会对策略做比较精细化的研究，包括跟踪分析策略的运行状况，比如是否在当前市场中处于比较拥挤的状态，或者是否面临失效的风险。理解和评价各个策略是每个量化管理人核心的竞争力所在。

我们会对策略进行细致的、全方位的研究，判断它在目前市场中到底只是阶段性的不适应，还是确实失效了，这需要从各个维度进行仔细的分析和评估。此外，我们会实盘同时运行上百个策略，一旦某些策略遇到了拥挤或者失效的问题，我们也有丰富的策略储备去实现进一步的迭代和优化。

好买： 您如何看待行业整体规模的快速扩张带来的策略拥挤问题？

王鸿勇： 从很多策略的表现上看，策略拥挤的问题的确存在。量化投资就是一群世界上最聪明的人在不停地研究，不管使用多复杂的方法发现的规律，都有可能被另一群聪明人发现。大家评估策略容量时，看到的往往仅是自己的交易量，无法获知其他参与者是否也使用类似策略进行交易，是否侵蚀了自己的容量，所以我们需要谨慎对待。

我们在做容量评估时会留有余地，比如某一策略按照对自身交易量的评估，容量达到 100 亿元，但我们会按 40 亿～50 亿元的标准去管理。此外，我们也会对策略拥挤进行细致的分析和监控，对于短期过于拥挤的模型，会在信号糅合中降低其权重。

好买： 所以多频段是不是也是处理策略拥挤的好方案？

王鸿勇： 对！因为不同频段的策略是弱相关的，比如高频策略和低频策略之间的互补性就非常强。这也是大家都用多频段去做策略糅合的原因，只有这样才能支撑起更大的规模。如果单纯用高频策略去管理，容量一定会受限。我们也在不断提升自己在各个频段上的能力，这样随着规模的扩大，仍然能够在这个行业中拥有持续的竞争力。

好买： 2021 年初，启林的总体管理规模为 70 亿～80 亿元，到第三季度达到了 300 亿元左右。您觉得在规模快速扩张的过程中，策略运行会有哪些不同？

王鸿勇： 一方面，在规模扩大的过程中，需要对每个信号的容量进行细致的评估，也需要对信号糅合做更深入的研究；另一方面，规模扩张也对策略迭代提出了更高的要求，当某个策略遇到不适应的环境时，就需要有更丰富的策略储备去完成策略迭代。另外，伴随着规模的扩大，启林自身的市场参与度也会提升，需要更加关注自身交易对市场的影响，交易执行也因此面临更大的挑战。

好买： 您认为未来另类数据会不会成为获取超额收益的重要工具？

王鸿勇： 随着量化私募的规模越来越大，低频策略对整体策略的贡献度会越来越高。低频策略的核心就在于另类数据，只有足够充分的另类数据才能够实现大量弱相关的低频策略。低频的另类策略研究在 2020 年前使用较少，但近两年越来越得到管理人的关注和投入，这也是未来大型量化私募重视的方向。

好买： 启林从什么时候开始布局另类数据？

王鸿勇： 我们从 2017 年就开始做这方面的储备，正式开始使用低频的基本面策略是在 2019 年，包括逐步上线实践的策略，目前我们已将该策略的占比提高到近 40%，这一比例高于整个行业的平均水平。我们在另类数据方面有比较充足的积累，而且也一直将它作为未来战略发展的重要方向。

好买： 如果想成为一个较大规模的顶级私募管理人，就要在各个方面都做到优秀？

王鸿勇： 从开发策略的角度来说，高频方向未来比拼的还是机器学习方面的研究能力，低频方向则是比拼另类数据的研究，包括基本面、事件驱动等策略的研究能力。在这些策略的基础之上，如何交易这些策略是非常重要的细节，也是需要打磨的关键。一环扣一环，每个环节都需要不断提升，才能够帮助我们在市场中拥有持续的竞争力。

好买：　一些频率偏低的策略其实与做基本面或者主观研究有一定的相似之处，您认为如果想继续在中低频领域深耕，是不是也可能存在与主观投资相结合的方向？

王鸿勇：　我觉得这是有可能的。低频策略的研究包括对另类数据的研究，需要对数据有深入的理解，比如拿到某产业链的数据，就需要对产业结构有清晰的理解和认知。主观研究也涉及行业分析和深入的调研，其中有一些研究思路和想法与低频策略有共通之处。但量化其实是一个追求研究广度的方法论，其优势主要体现在大数据的应用和投资的广度上，而不是单纯地通过调研一两家公司去做研究、决策和分析。

总之不管利用什么数据，目的都是追求投资的广度，希望策略能够自动识别市场的交易机会。主观研究的想法、思路以及对基本面的深度研究能够为量化所借鉴，可以成为低频策略研究的驱动，但最后策略的成型还是需要利用系统的统计方法和量化方法加以实现，包括如何评估和使用这些策略也需要系统化的方案。

好买：　启林的超额收益从时序上来看非常稳定，您如何看待阿尔法策略中的风格敞口以及行业敞口？

王鸿勇：　从经营管理思路以及策略的研究思路来说，我们以追求高夏普策略为首要目标，尽量在单位风险下获得最高的收益，而非追求超额最高。

这就要求我们在策略的弱相关性上不断投入，同时还要重视风险管理，我们把风险模型作为独立的研究项目，建立特定的风险模型以便更好地刻画市场风险。在组合管理时也会严格约束风险，不会过高地暴露风险因子的敞口来获取额外收益。

好买： 如果风格限制较多，获取超额的难度就会加大，因为整体限制风格的过程有损耗，启林在追求阿尔法和严格限制风格方面遵循什么样的理念？

王鸿勇： 风险无法完全消除，如果把风险因子的敞口完全消灭，可能也没有什么阿尔法可以获得了，这中间有一个平衡。我们追求的是超额的夏普比例最高，因此研究的重心是尽量追求不太被风格因子或者行业因子解释的阿尔法，在构建投资组合时，尽量在风险可控的范围内追求超额的最大化。

好买： 从 2021 年开始，市场上有越来越多的管理人开始发行全市场选股，也就是空气指增产品。您对空气指增有什么看法？未来国内量化策略在产品端的迭代会有哪些方向？

王鸿勇： 指数增强必须对标某个指数，比如沪深 300、中证 500、中证 1000，同时要进行比较严格的针对指数的风险约束，在这个过程中不可避免会产生阿尔法的损失。有些投资人其实对指数未来的表现没有明确的观点，只是想获得长期相对较好的收益。

如果只是纯粹追求收益最大化，不对标任何指数，则不用做过多的风险约束，最大限度地保留模型的原始阿尔法，更好地获取长期收益。

此外，现在的市场越来越受风格的主导，也存在阶段性风格轮动和行业轮动的规律，我们对此做了很多研究，也开发了相应的策略。只是这些策略不适用于指数增强策略线，而在全市场选股等不对标任何指数的产品线有更好的发挥空间。

空气指增的限制更少，收益构成更多元化。作为资管机构，最重要的是找到与每个产品线的风险收益特征相匹配的客户，尽量提供更加多元化的产品线供客户选择。

好买：在 2021 年的行情下，您对启林的多头以及中性产品的看法如何？

王鸿勇：无论是多头产品还是中性产品，核心竞争力都是阿尔法的获取能力。与多头产品相比，中性产品满足了一些低风险客户的需求，但对中性的收益以及风险的预期其实还是建立在阿尔法能力的基础上，然后再去考虑市场的贴水情况。

量化进入高质量发展阶段，重在对细节的精益求精

好买：在超额从 2021 年开始缓慢衰减的过程中，大家可能会发现很多之前不受关注的模块，比如信号的细节处理、交易执行等，其实都需要下功夫做出差异化。如果量化行业按照国外的方向发展，您对启林未来的管理有什么看法和规划？

王鸿勇：我觉得从方法论和框架的角度来说，现在国内顶级的量化对冲基金与海外机构的差距已不是很大。差异更多来自细节，比如交易执行就是其中一个重要的课题。

在行业发展的早期，以人工交易为主，包括早期的算法交易系统，也是比较简单、原始的状态，而后逐步演进到现在相对成熟、复杂、精细化的体系，能够支撑更大的规模。未来大家比拼的就是细节，每个细节的优

势累加在一起，就具有非常明显的竞争力优势了。

现在行业处在高质量发展阶段，比拼的是全方位细节的打磨和精益求精。部分管理人可能阶段性地在某些细节上有一些优势，在其他细节上目前还是一个追赶者，但是真正优秀的量化管理人需要在每个细节上都有精益求精的追求。这也是为什么海外量化发展到相对成熟的阶段以后，大型量化机构在一定程度上会形成壁垒，因为很多细节的研究需要时间的沉淀和大量的投入。我们的目标是成为全球顶级的量化机构，因此需要在每个细节上都不遗余力地精益求精。

好买： 您认为未来几年量化领域不太可能出现较大的结构性改变？

王鸿勇： 过去5年量化行业曾出现过较大的创新驱动，比如高频策略的加入，尤其像日内的分钟级、小时级策略的加入，都属于结构性的改变。通常谁先开始做这些策略，谁就能抢占先机，更容易在市场中有相对突出的表现。但是之后想要跳出框架，做到和别人不一样会更加困难，现在量化管理人比拼的是一个更加注重追求长期和细节打磨的未来。

好买： 刚刚起步的管理人与偏头部的、管理规模较大的管理人在积累方面差距较大，未来规模较小的管理人如果想脱颖而出，难度是不是会更大？

王鸿勇： 可以看到2021年很多机构从几十亿元规模快速扩张到百亿元，甚至几百亿元，但我觉得未来实现规模迅速扩张且能站稳的概率会有所降低。小型量化私募并非一定做不出阶段性业绩，完全可以通过做小而美的策略来实现，但如果量化私募想快速从小规模变成大规模，并能长期立住脚，难度则会越来越大。因为管理小规模与管理大规模的策略与产品所面对的课题，以及对研究深度和策略丰富度的要求是完全不一样的，甚至不在一个量级。整个行业会越来越看重模块的打磨以及策略的积累，管理大体量资金的能力需要时间的沉淀。

好买：美国等发达国家的市场在最近几年呈现出一种以量化投资为主的趋势，您觉得国内在未来一段时间里也会出现这种趋势吗？

王鸿勇：任何一种方法论都有自身的优势，量化和主观是不一样的方法论，都有可取之处。在成熟市场，虽然过去几年量化的发展速度确实很快，但是阻碍也没有完全消亡。

这两种方法论各有所长，而且在低频的一些方向上，其实量化和主观相结合也是比较重要的发展趋势。海外一些原来以主观方法论为主的机构也在从事量化的一些方向，原来以量化为主的机构，也开始尝试和主观做一些糅合，都致力于最大化两种方法的优势。

我认为量化代表了科学和技术的进步，现在是大数据时代，每天都有海量数据生成，传统的主观方法确实不太适应海量数据的处理，所以在这方面量化方法天然有技术上的优势，能够更好地处理海量数据。

此外，做预测或做决策只是一方面，做好投资还需要有比较好的交易执行。很多海外原先做主观的机构也会把交易执行交给一些量化公司来做，这也是一个趋势。

好买：在美国市场，量化策略的超额已经衰减到一个比较低的水平。您觉得未来 3~5 年国内量化管理人的平均超额可能会有什么样的趋势？或者说会下降到怎样的水平？

王鸿勇：我认为行业的高速增长期已经过去，2021 年以来整体规模没有太大的增长，甚至还略有下降，国内市场参与者的结构也没有发生太大的变化，所以我预期超额的衰减会有所减缓。

　　虽然年化 30%～50% 的超额可能一去不复返，但还是可以乐观预期量化超额仍然具有一定吸引力。当然这也和市场环境有关，整体来说量化还是比较偏好市场有较好的成交量和流动性，偏好有一定增量资金涌入的时代。2022 年虽然市场环境并不是特别有利于量化策略的发挥，但还是有很多机构做到年化 15% 左右的超额水平。

王鸿勇投资金句
QUOTATION

❶　启林创立以来，经历了非常多的困难和挑战，我们一直秉持着创业的初心，不畏困难，努力迭代策略，才能够一路走到现在。

❷　国内量化行业已经从爆发式的高增长阶段过渡到趋于稳定的追求高质量发展的阶段，大家越来越专注于细节打磨。

❸　作为一个量化管理人，只有孜孜不倦地追求策略的迭代更新，作出最好的策略，创造好的业绩，才是在这个行业中的长期生存之道。

❹　机器学习是一个很强大的寻找新策略以及避免策略同质化的武器，但同时又非常容易找到错误策略或者过拟合策略。

❺　开发策略最重要的就是要实现差异化，这也是为什么我们非常希望能有原创性的东西。

❻　量化投资就是一群世界上最聪明的人在不停地研究，不管使用多复杂的方法发现的规律，都有可能被另一群聪明人发现。

❼　　高频方向未来比拼的是机器学习方面的研究能力，低频方向则是比拼另类数据的研究。

❽　　未来大家比拼的就是细节，每个细节的优势累加在一起，就具有非常明显的竞争优势了。

璞玉浑金，怀瑾握瑜，浑瑾的名字寓意美玉形成，并保持高尚纯洁的品格。

从国内顶尖公募到国际知名对冲基金，再到自己创立私募，唯一不变的是对商业模式本质的追寻。对李岳来说，高质量的生意是基本盘，但投资不仅仅是找到好生意这么简单，更需要投资框架的不断迭代和创新。

"打造一个有生命力的组织，生生不息，为投资人创造价值。"这是浑瑾未来长期的发展战略，也是李岳做私募的愿景和初衷。

浑瑾资本　李岳

理解生意的本质，
知无知，而后有知

李岳
浑瑾资本　创始人

- 西安交通大学经济学本科及硕士，浑瑾资本创始人。

- 拥有超过 15 年投资研究经历。曾在高瓴资本供职 9 年，担任董事总经理、二级市场大消费负责人、投委会成员，于 2018—2020 年担任卓越长青系列基金经理。

- 在供职高瓴资本之前，曾担任华夏基金国际投资部研究主管。

提起 A 股的大消费投资，白酒是一个绕不开的赛道。只要是对资本市场稍有关注的投资者，对这个领域就绝不陌生。

回顾过去 30 年历史，白酒行业历尽千帆，几经沉浮，向来不缺少宏大的叙事。经历过 2013 年的惨淡谷底，也在上一轮的牛市巅峰独领风骚。这一过程中催生了茅台这样十年十倍的大牛股，也造就了无数的二级市场投资神话。如果没有白酒，想必 A 股市场会缺少很多传奇故事。

提到重仓白酒的大佬，我们可能首先会想起但斌、林园、张坤、冯柳这些耳熟能详的二级市场投资人。但你可能不甚了解的是，大名鼎鼎的高瓴资本在消费板块的投资上也颇有造诣。而白酒作为消费领域的龙头板块，高瓴自然也不会放过。

早在 2013 年，高瓴就看中了白酒行业。当时正值白酒行业深度调整期，大多数知名酒企陷入业绩下滑、库存积压的困境，但高瓴却看到了白酒行业的反转机会，先后重仓了茅台、洋河和五粮液等龙头企业，一直持有到 2020 年，累计收获了数十亿美元的收益。

彼时高瓴消费板块的掌舵人，就是如今浑瑾资本的创始人——李岳。

创立浑瑾之前，李岳在高瓴工作了整整 9 年，担任二级市场消费组负责人，其管理的消费行业高峰时期持仓近百亿美元。此前李岳曾在华夏基金国际投资部担任研究主管，覆盖境外的中国公司。16 年横跨多市场的资产管理经历，使李岳具备了国际化的投资视野，也积累了多空双向的投资经验，投资框架也在这一过程中日臻完善。

从国内顶尖公募到国际知名对冲基金，再到自己创立私募，唯一不变的是对商业模式本质的追寻。**对李岳来说，高质量的生意是基本盘，但投资不仅仅是找到好生意这么简单，更需要投资框架的不断迭代和创新。**

独立思考，不迷信权威

李岳出生于 20 世纪 80 年代陕西的一个军工家庭，父母都是军工研究所的老师。从小在军工研究所的大院长大，一直就读于子弟学校。考研的时候差点没考上，班里 40 多个同学，李岳每年的成绩也就稳定在大概 40 名。

受家庭环境的影响，李岳在成长的过程中，对投资方面的知识涉猎甚少，但却在读研期间对哲学萌生了浓厚的兴趣。李岳也坦言，自己的很多底层世界观和方法论都是在那个时期形成，后来做投资时遇到的不少问题，都喜欢回到哲学层面去反思。

和诸多按部就班读书求学的金融精英相比，李岳骨子里似乎多了几分叛逆和不羁，这种反共识的特质不仅体现在他对职业的选择上，也体现在他日后做研究的思维中。

2006 年，研究生毕业之后，李岳进入国家开发银行陕西分行实习，有很大的概率留用。当时这是父辈眼里堪称"铁饭碗"的顶尖单位，但李岳毅然放弃了这种安稳的人生路线，离开家乡西安，南下去往香港的一家券商，开启了职业生涯的首站。

在这家券商，李岳遇到了投资生涯的第一位重要导师，也就是他当时的主管。**李岳回忆道，当时这位主管帮助李岳形成的最重要的品质之一，就是独立思考、不迷信权威。这种反共识反权威的意识，从入行第一天开始，就在李岳的投资思维中刻下了深深的烙印。**

作为一名新人研究员，2007 年，李岳写了一篇引发行业轰动的研报，题目叫《论某某公司的倒下》。那是彼时港股的一家声名显赫的上市公司，股价一度涨势如虹，但李岳看到了其背后商业模式的缺陷，观点犀利直指其痛点。此后该公司的股价大跌超过 90%，从侧面印证了李岳的研究和判断能力。

在香港券商历练了 3 年后，李岳希望去到更大的平台，接触更多的上市公司高管，便在 2009 年加入了华夏基金。当时正值华夏基金的巅峰时期，内部人才济济，李岳也借着这个宝贵的平台拓宽了知识面和眼界。

但他始终认为，那时的自己尚没有实现投资体系的驾驭和飞越，对具体的投资问题也会有很多的困惑。直到他遇到职业生涯的第二位重要导师——高瓴资本的创始人张磊。

"当时觉得他身上所散发的个人魅力，破解了我对很多问题的困惑。包括他后来讲的一些框架，真的让我豁然开朗。" 对李岳来说，张磊的出现如同在大海中航行时遇到了一座灯塔，为初出茅庐的自己指点迷津。随后，他自然而然地加入高瓴，成为高瓴早期团队的一员。

二级市场的核心并不是方法论本身

在高瓴的 9 年，对李岳来说是披沙沥金的 9 年，也是脱胎换骨的 9 年。

如今回头来看，李岳大多数的底层投资框架都在这一时期形成。之前散落在各处的投资要素，渐渐在李岳的脑海中开始形成脉络，以至于多年后离开高瓴独自创业，投资风格依然带着深刻的高瓴印记。

彼时高瓴成立刚刚 5 年，尚未成为全亚洲顶尖的资管机构。据李岳回忆，当时的高瓴与其说是一家投资机构，不如说是一所投资学院。对一家公司的深入研究，关注的不是短期回报，而是对底层商业模式的挖掘。这也使得当时的那批高瓴人在研究上能够有更深层的造诣，而不仅仅是追求短期的股价上涨。

那段时间里，李岳对消费品领域具有代表性的十几家公司进行深入研究，其中有些生意长达上百年的历史。为了研究这些公司，甚至写邮件给纽交所要数据。通过抽丝剥茧的分析，李岳研究了啤酒、白酒、化妆品、餐饮等数十种消费品类，拆解了每一种周期里面生意的演进逻辑，投资框架也在这一过程中不断完善。

投资的本质是寻找好生意，而想要找到好生意，需要知道怎样的生意模式能够持久，以及生意中到底赚的是什么钱。在李岳的投资体系中，"生意、环境、人和组织"的框架是基本面分析的核心方法论。

第一个要素是生意。李岳认为，定义好生意的维度有很多，但最重要的是随着规模的扩张和时间的推移，是否会变得更强，而不只是变得更大。在生意的要素中，李岳强调的是对于生意宿命的研究，包括长期为用户创造价值，从而提高用户的离开成本。

例如，白酒是高瓴长期青睐的赛道之一。2013 年白酒股接近全线下跌，茅台的市盈率跌到 8 倍左右，加上中央反腐八项规定的出台，大多数人都认为白酒已经没有机会了，但李岳则在此时看到了难得的历史机遇，这背后主要是两个核心问题。

第一，年轻人到底喝不喝白酒？基于白酒的情感性价值、成瘾性以及中国人的围桌文化，步入社会的年轻人不可能不喝酒，并不会在短期内离开这个市场。第二，行业长期的驱动力来自哪里？根据李岳的判断，当时正处于低端酒向品牌酒集中的初期，次高端和高端白酒的结构性增长会成为行业持续性的驱动力。长期来看，白酒有着多元化的消费场景和消费人群，未来依然是消费品的主流品类。

第二个要素是环境。在李岳看来，环境会扭曲生意的表现形态，但同时，环境的变化往往会创造巨大的阿尔法。因此，需要从时间、空间、周期等多个维度来理解变化。

比如，从空间维度来看，可口可乐在美国是巴菲特的重仓股，但在中国几乎无人问津。这背后反映的是中美消费习惯和消费场景的不同，美国的食品品类比较单一，所以没有太多的恶性竞争。但亚洲人的口味则非常丰富，品牌之间竞争激烈，几乎每个环节都会出现供给过剩的情况，地域的差异造就了同一品牌的不同宿命。

从时间维度来看，同一只股票在不同时期会有不一样的表现。例如中国的啤酒行业，如果在 2006 年介入，那就是 10 年 3 倍的涨幅；但如果在 2016 年介入，则会有 3 年 3 倍的涨幅，这背后隐藏着不同时期行业格局的变迁。2015 年，啤酒行业经历了长达 5 年的压力测试，全行业哀鸿遍野，但李岳在此时重新审视行业格局的优化，看到了周期变革背后的驱动力，逆势重仓了华润啤酒，创造了长期丰厚的回报。

第三个要素是人和组织。很多时候，投资好的生意就等于投资好的企业家。有洞见、有远见的企业家能够带领企业不断进步。对于企业而言，也存在两个难点。

第一，企业如何突破行业的瓶颈？例如对于餐饮行业，人员管理是最大的瓶颈，如果能有效突破，就可以"一览众山小"。第二，如何把单一产品公司变为平台公司？这当中的核心就是如何把个人能力变为组织能力，把事业部能力变为集团能力。

在高瓴的前三年，围绕"生意、环境、人和组织"的框架，李岳完成了研究体系的闭环和打通，投资体系也不断丰富进化。在这些复杂脉络的背后，蕴藏着一个最核心的哲学观念，那就是著名哲学家苏格拉底"自知其无知"的哲学思想。

在李岳看来，投资方法本身是可以演进的，底层思维是能否保持"知道自己不知道"的状态。世界是多样且复杂的，但驱动事物发展的因素往往单一且简单，因此对于不同时间和空间条件下的主要矛盾的把握非常关键，而只有知道自己不知道才能不断进步。

二级市场的演进速度很快，核心并不是方法论本身，而是对方法论的迭代和演进。李岳强调，在不同的背景下，生意、环境、人和组织这三个要素的权重是不同的，因此需要更加辩证地来理解。投资需要长期积累对生意宿命的研究，从多个维度看待环境变化，而超强的组织能力则可以不断拓展宿命边界，甚至可能改变宿命。

未来机会趋向小型化和散点化

"投资体系就像少林十八般武艺，没有高下之分，重要的是在你所认知的框架和世界观里，最终实现了自洽。"李岳用这样一个巧妙的比喻形容投资体系的搭建过程。

在高瓴的平台浸润 9 年之后，李岳认为自己的投资体系打磨到了可以出师的水平。2021 年底，李岳决定离开高瓴重新出发，创立自己的私募基金——浑瑾资本。

璞玉浑金，怀瑾握瑜，这是浑瑾名字的来源，寓意美玉形成，并保持高尚纯洁的品格。李岳花了挺长时间给自己的新公司起名字，最终选择"浑瑾"作为人民币基金的名字。

而浑瑾的美元基金名为 Greenlane，意为绿色的林荫小道。和高瓴的"大而强"不同，李岳希望浑瑾往"小而美"的方向发展，这种方向首先是创业的初心，其次是达到一种舒服的状态。

除了"生意、环境、人和组织"的框架，经历过多轮行业周期的李岳，对于企业的投资阶段也有着自己的理解。即使投资的是好公司，如果投资阶段不对，买入之后也有可能下跌 90%。**浑瑾更喜欢投资于第四阶段的公司，也就是经历过压力测试，需求重新复苏，但是格局清晰、赢家通吃的阶段。**

如何理解行业发展的四个阶段？第一阶段，行业需求爆发但供给不足，这时候生意质量不是主要矛盾，大多数公司都在高速成长；第二阶段，需求增速放缓，供给快速上升，行业竞争迅速恶化，企业利润率开始承压；第三阶段，需求继续放缓，供给收缩，众多企业开始倒闭，整个行业哀鸿遍野；第四阶段，出现了转机，需求复苏而供给集中，剩下的少数玩家拿走了大部分利润，这一阶段投资的赔率极高，获得回报的空间巨大。浑瑾更看重公司的竞争壁垒和能力提升，能够在第四阶段脱颖而出的企业，财务增长仅仅是能力的变现而已。

与众多私募不同的是，浑瑾重点花时间研究的行业并不多，大消费和大制造是其中最重要的两个领域。李岳不会去所有行业里"翻石头"，也不会因市场风口的变化而摇摆不定，而是在有长期结构性机会的行业里深耕，成为该行业的佼佼者。用他自己的话说，"不怕富矿一年不产出，怕的是在贫矿上浪费时间"。

大多数投资人分析投资机会时会从需求出发，关注行业的成长性，而李岳将自己定义为"供给端投资人"，他会花大量的时间去研究行业的门槛和竞争壁垒。在他看来，80%以上的行业研究和投资的价值不大，只有10%的生意值得长期投资，即无论需求空间如何扩大，集中度都会越来越高的行业。浑瑾也很少投资所谓的区域离散的行业，而是相信只有供给端能力非常强的公司才能够穿越周期。

在此基础之上，李岳还迭代出浑瑾的漏斗筛选体系，核心是适应机会小型化、散点化的投资环境，以更好地聚焦主要矛盾。

在全市场1000多家公司中，浑瑾会初步筛选出400多家放入关注的公司池，递进理解核心问题，再从中剔除80%～90%的公司，重点筛选出40～80家核心公司持续深度跟踪。最终只有20～30家公司会进入组合，10～20家保持重点关注跟踪。

在风云变幻的市场中，所有的方法和体系都需要持续迭代，而迭代和革新是永无止境的。除了自下而上做选择题，李岳也给浑瑾的投资体系留了10%自上而下的干预空间。在深化企业基本面研究的同时，关注宏观环境带来的变化，并在关键节点及时作出调整。

2022年2月，俄乌冲突爆发，全球资本市场陷入动荡和恐慌，市场规则也进入混沌期。当时浑瑾的产品刚成立不到3个月，还维持着偏高的净仓位。出于规避风险的考量，李岳选择在3月底降低组合仓位，减少风险净敞口的暴露。最终浑瑾的代表产品在4月的普跌行情中实现微跌，较好地在"黑天鹅"事件中控制了回撤。

"对大部分的价值投资人来说，在90%的时间里，宏观的确不重要。但是如果放在历史的长河里看，宏观在 10% 的时间里可能决定你的生死。"

这是李岳在市场中摸爬滚打多年得出的感悟，也是他哲学方法论的一种投射——不被框架和概念所束缚，敢于在变化中推倒和重建认知，快速迭代投资方法论，以适应环境的变化。

面对"黑天鹅"事件频出的全球环境，李岳在组合中引入了多空策略，在不确定性中创造确定性更高的阿尔法。在李岳看来，市值重构的未来十年，双边波动是常态，做多和做空的双边能力使得管理人能够有更多的工具和抓手。通过研究多产业链的瓶颈期，在做多好生意的同时，做空格局被破坏的领域，从而通过双边能力增加组合的确定性。

打造一个有生命力的组织

私募行业机构众多，各自有自己的发展之道。而每一位私募创始人，也都有不同的初衷以及对公司不同的定位。浑瑾想成为一家怎样的私募？

"创立一个受人尊敬的资产管理品牌，打造一个有生命力的组织，生生不息，为投资人创造价值。"这是李岳对浑瑾长期战略和目标的定位。

首先，浑瑾希望创立一个高品质的品牌。高品质并不是把规模做到最大，也不是每年都要做出国内最好的业绩，而是一种高质量的投资过程，是选人和选公司的高质量标准，通过研究为企业创造价值，长期获得更多人的尊重。在李岳看来，品牌的打造不是靠广告或者营销，而是追求一种口碑，追求在资管行业内的影响力和品质感。

其次，浑瑾想打造一个有生命力的组织。李岳认为，一家好的私募机构在于投资人、企业家以及员工间的互相成就。因此搭建团队的方式也与传统的略有不同，先求同后存异，以更长的时间维度去管理，更看重整个公司和组织的成长能力。

从组织的生态系统来看，浑瑾希望员工的性格和观念越多元越好，但是内部的价值观要一致，这样才能在投资的道路上走得更长远。

市场的复杂性决定了投资不是一件容易的事，既要放眼长期，也要关注过程；既要有目标，也要有策略。**经历十多年的历练和打磨，创业后的李岳越发笃定一件事——在任何选择里只做长期正确的事，短期最快的路不一定是长期最好的路。**长期主义不应成为"躺平"的理由，但从因到果，需要一个时间的维度。

就如李岳的恩师张磊在《价值》一书中所写，"长期主义不仅仅是一种方法论，更是一种价值观。流水不争先，争的是滔滔不绝。从事任何工作和事业，只要着眼于长远，躬耕于价值，就一定能够经受时间的考验"。这是浑瑾未来长远的发展战略，也是李岳做私募的愿景和初衷。

在任何选择里

只做长期正确的事

浑瑾资本团队成员

- 浑瑾资本成立于 2021 年 5 月，于 2021 年 8 月 27 日获得私募基金管理人资质。

- 浑瑾，取自"璞玉浑金，怀瑾握瑜"，寓意美玉形成及高尚品格。公司看重发展的质量和口碑，重视文化和组织能力，对外经营信任，对内经营人才，致力于发展成为受尊敬的品牌、有生命力的组织。

- 浑瑾在创立之初就吸引了公募基金和私募行业的优秀年轻骨干加入，公司核心人员均毕业于国内外知名高校，曾任职于国内外头部私募、公募等投资机构。

投资的本质是世界观的映射

访谈时间：2023 年 2 月

做投资，命运与机遇很重要

好买： 您提到在入行的时候碰到了一位重要的导师，他当时教给您什么样的理念？过了十几年后您还会觉得影响很大吗？

李岳： 一路走来，我觉得私募行业的有趣之处在于"命运"二字。入行导师传授的理念形成了强大的正反馈之后，大概率你会沿着这条路走下去。

当时那位导师给了我几个特别大的启示。第一，能进入私募行业是非常幸运的事情。其他大部分的行业都要从公司的基层开始做起，通过几十年的努力，慢慢打开视野，才能够和本行业中最优秀的企业家碰面。但是私募行业不同，你在 20 几岁的时候就有机会与上市公司的高管面对面，和这些优秀的人沟通交流，甚至提出质疑。

第二，不要迷信权威。不论主管还是董事长，都有可能是错的。在大部分的领域里，刚入行的新人怎么可能有底气说自己是对的，老板是错的呢？但是在私募行业，老板经常是错的。这个观念对我的影响非常大，能够做独立的判断，做深入的思考，都是我从入行起逐渐培养的好品质。

我在券商工作的时候写过几篇文章，直接挑战当时市场上最优秀的消费品公司。当时写了一篇研报，题目叫《论某某公司的倒下》，后来那个公司的股价下跌超过 90%，那是当时市场上最牛的股票之一。所以不迷信权威、独立思考，已经深深地刻在我的投资思维中。

好买：您第二段职业经历是在华夏基金，那时候已经开始接触具体的操盘了吗？怎么定义那个阶段在您整个职业生涯中的意义？

李岳：华夏基金给了我一个更高的平台。那个阶段我需要有一家大公司的背书，才能接触到更多的高级管理层。当时华夏有很多优秀的研究人才，后来也成为著名的基金经理，华夏的平台对我来说是一个非常好的机会，也给了我很大的学习空间。

坦率地讲，当时对投资有一些概念，但是比较懵懂，还未形成一个完整的体系。那个阶段的投资虽然业绩还不错，但是并没有实现能力的飞跃，可能只是运气比较好。后来遇到了张磊，了解了他的一些框架，让我豁然开朗，他其实是帮助我把头脑中的很多要素各就各位了。

好买：很多的研究员在入行 3～6 年的时候，对投资路线的问题深感困惑，不知道应该怎么形成一个闭环。当时您对投资和研究有过哪些困惑？

李岳：那段时间确实会有很多困惑，我的入行导师教了我很多，让我走了一些所谓的正确的路，后来更多的是在此基础之上去迭代。

比如工作、生活、家庭、友情、亲情这些都是具象的，而最顶层的东西实际上是抽象的。世界观层面的认知，很多是通过细节或者经验累积之后形成的。通常大部分人是随着年龄的增长、经验的积累逐步塑造世界观，但我是先形成世界观，过去的 20 年只是实践这个世界观的过程，这和我当年读书的时候思考哲学问题有很大关系。

这些世界观层面的认知有助于在投资中迭代方法论，是一种更高维度的认知。这样每一个环节中迭代出来的东西都有可能影响其他所有的环节。在这个过程中虽然碰到过一些困惑，但这些困惑都是表层的，深层次并没有特别大的偏离，同时认知的过程本身也在提升和优化。

关注竞争壁垒的供给侧研究

好买： 能否介绍一下您的投资方向和框架？

李岳： 我们会将投资划分成以下四个维度。

第一个维度是基本面研究。最大限度地收集研究对象的信息，比如与公司、行业相关的所有信息，都要尽可能地收集。

第二个维度是变化。比如影响这个公司的信息可能有 100 条，但是决定公司发展方向的可能也就一两条，这一两条就是主要矛盾。这件事情的难点在于，随着时空的变化，主要矛盾可能会发生改变。所以我们经常说，"唯一不变的是变化本身，我们要寻找的是变化中的不变"。

第三个维度是市场和估值。估值是艺术，基本面是科学。基本面不好不一定会跌，但市场波动决定了我们的买点，这个维度我们并不强调。

第四个维度是时间分配和资本分配。几乎所有的价值投资者都有两手茅台，但是为什么跑不赢茅台？这是一个值得反思的问题。能不能把有限的时间花费在研究真正的好生意上，是投资中拉开长期差距非常重要的一点。

我们有一个经典的框架，叫作"生意、环境、人和组织"。这个框架一直在演进，我们试图将其套用在任何一家公司的研究上。

第一个要素是生意。生意具有一定的普适性，很多生意都有其自身的宿命。定义好生意的维度有很多，最重要的是随着规模的扩张和时间的推移，是否会变得更强，而不只是变得更大。我们强调对于生意宿命的研究，包括长期为用户创造价值，从而提高用户的离开成本。而超强的组织能力则可以不断拓展宿命边界，甚至可能改变宿命，因此需要更加辩证地去理解。

第二个要素是环境。生意具有普适性，但是在不同的时间和空间会表现出不同的形式。环境会扭曲生意的表现形态，但同时，环境的变化往往会创造巨大的阿尔法。很多行业其实赚的都是环境的钱，并不是生意的钱。必须有一个清晰的认识，如果环境发生了变化，观点也要跟着转移。

第三个要素是人和组织。历史上有很多优秀的企业家能够把企业带上新的台阶。但我们认为长期来看，生意的属性大于人和组织的能力。当外界的环境发生变化的时候，不太好的生意会回归它的宿命。即使很优秀的企业家也无法改变这个格局，只能是推迟宿命的到来。

在不同的背景下，生意、环境、人和组织这三个要素的权重是不同的，需要更加辩证地去理解。现在想要找到像10年前那样，环境很好、组织结构又很优秀的好生意的概率非常低。

好买：在您看来什么是真正的好生意？

李岳：判断什么是好的商业模式，有几个基本的标准。

第一，**时间是不是你的朋友？**很多公司成立时间并不长，但却会设定必须要在某个时间达到怎样的标准，比如必须要在某个时候上市。这个肯定不是我们的标准，即便在一级投资中也一定不是我们的标准。

第二，**在越差的环境中是不是能够变得越强？**我们对于行业增速突然放缓的情况是很兴奋的，投资的很多公司都来自增速大幅放缓的行业。**事实上，行业的需求波动很难预测。只有企业的核心能力或者行业的门槛，才能真正穿越周期**。而我们发现每一次行业变得更差的时候，这些优秀企业的份额和利润都会大幅上升。当下一次曙光来临的时候，它们也是复苏最快的，这个时候我们就会启动逆向投资。

第三，**规模是不是你的朋友？**随着行业的发展、自身规模的扩大，很多生意只是变得更大，而不是变得更强。当行业需求遭遇波动，企业遭遇外部竞争考验，份额和利润能否逆向增长，成了生意能否真正穿越周期的关键。此外，技术的进步对不同生意而言各有利弊。很多生意在互联网上越做越大，而很多生意却在这场变革中丧失了份额。

第四，**技术的进步，对你来说是好事还是坏事？**传统的消费品领域利用渠道的优势能够控制上千家门店。自从电商出现之后，消费者就变成了自我决策，基本上不会受到其他因素的干扰。这个过程当中，可能大部分行业都会回到本来应该有的样子，比如鞋和服装行业变得更加离散，因为渠道的垄断优势不复存在。但是有些行业反而会变得非常集中，比如白酒、运动、超高端化妆品等等。所以技术的进步，会让很多本质的问题显露出来。

好买： 为什么一直以来倾向于投资第四阶段的公司？

李岳： 浑瑾主要投资第四阶段的公司，即经历过压力测试，需求重新复苏，但是格局清晰、赢家通吃的阶段。当第四阶段的逻辑展开的时候，虽然需求的增速没有第一阶段快，但是供给被卡死，赢家非常清楚，犯错的风险极低，所以获得回报的空间是巨大的。

举个例子，啤酒行业我们跟踪了10年，它在很多市场上能赚40%，但在中国只有2%～3%的利润率，过去的10年，无数英雄都折腰在此。如果在2006年介入，那就是10年3倍的涨幅；但如果在2016年介入，则会有3年3倍的涨幅。

中国的啤酒行业经历了几个发展阶段。1990—2010 年，人均消费量快速提升，产能也快速提升，一团混战，诸侯割据；2010—2015 年，人均消费量已经停止增长，但是产能还在提升，当时可谓厮杀惨烈。最好的两家公司百威英博和雪花啤酒只有 2%～3% 的利润率。在整个行业已经出现负增长的情况下，龙头公司惨烈的竞争看起来好像永无出头之日。

那个时候很多人都已经绝望了，但我们却兴奋了起来。这背后有两个因素，一是中国啤酒的价格比国外低很多，二是 90 后的消费者开始加入这个市场，新的消费驱动力形成，加之供给端惨烈的竞争，头部企业一定会找到新的方式来处理这个问题。

所以在这个过程中，行业的高端化是一个新的驱动力。经历过产能出清之后，龙头快速集中了份额，小公司已经离场，大公司之间也会达成默契。这个过程中会发生一些边际变化，是我们需要重仓的时候。记住彼得·林奇说过的一句话：增长不一定是你的朋友。这句话的反面是什么？不增长也不一定是你的敌人。

投资要建立逻辑自洽的体系

好买： 研究的过程可能就是看了无数的故事和案例，最后形成某种思维方式或者研究框架，但这中间其实经历了反反复复的过程，可能在某个阶段就形成了闭环。您在什么时候觉得您的投资体系打通了？

李岳： 影响特别大的是在高瓴的前三年，对我来说是天翻地覆的影响。那个时候我已经在投资中积累了很多经验，但是这些要素散落在各个地方，没有办法有机地组织起来。后来碰到了张磊，他对我的影响很大。

那个时候的高瓴更像一个学院，这也是我们这一代高瓴人的幸运。

大部分的投资机构关注的是短期回报，即研究员要为基金经理推荐能赚钱的股票。我印象特别深刻，在高瓴的最初几年，大家每天都会讨论一些比较宏大的问题，比如什么是世界上最牛的商业模式？什么是世界上最好的生意？但这些问题的结论不是凭空讨论出来的，是通过大量的研究数据推演出来的。**所谓穿越周期，就是集中度变得更高，长期的资本回报率也越来越高，不受经济周期的影响，我们最后追求的是这样的生意。**

大概 2015 年开始管理组合，这就不只是把一个公司研究清楚的问题了，已经上升到了市场博弈的层面。在这个过程中怎么分配时间，需要把握主要矛盾，判断哪些东西值得花费很多时间去思考。

迭代是一个持续不断的进化过程，我主要遵循两个逻辑。第一，我会把苏格拉底的"知无知"体系放在最核心的位置，人最大的智慧就是认识自己的无知。

第二，**在放空和焦虑之间保持平衡**。放空就是觉得无所事事，没有方向，焦虑则是人进步的原动力。过度放空相当于"躺平"，而过度焦虑则有可能产生病态，所以一定要在两者之间找到平衡。

好买：　在高瓴的前三年您在研究领域有很大的精进，2015 年之后研究和投资开始相结合，什么时候感觉到自己在投资建设方面有很强的确定性，觉得不会辜负投资人？

李岳：　投资体系就像少林十八般武艺，最终的目的都是要打败敌人，所以功夫之间没有高下之分。但是你会发现很多人的误解是，好像这条路是通往彼岸的唯一一条路。如果用这个来类比，我觉得能够独立地出师要符合两个条件。

第一，**在你所认知的框架和世界观里，最终实现了自洽**。每一种投资方法都有很多门派，每个门派的投资人其思考方式、性格、组织能力都不太一样。当这些要素一旦自洽，就符合第一个条件了，但还不足够。

第二，拥有了自洽的投资方法之后，就要判断该投资方法在宏大的时空里是否完整。答案一定是否定的。**人类永远无法掌握真理，只能无限接近。因为真理会受到时间和空间的限制，每个人观察的角度都不一样，都不可能掌握真理。任何事情都没有完美解，只有特定时间和空间里的最优解。**

比如自下而上的价值投资人经常会犯一个错误，就是认为宏观不重要。在90%的时间里，宏观的确不重要。但是如果放在历史的长河里看，宏观在10%的时间里可能决定你的生死。当环境发生大的变化的时候，没有宏观的研究框架会非常危险。就像建造一座很漂亮的宫殿，你通过各种方式把它修得很漂亮，但是也要有勇气随时将它推倒。今天我们所有的投资体系，明天全部推倒重建，对我来说并没有心理障碍。

好买：投资中经常会出现很多和预期背离的情况，您会如何处理？

李岳：要知道我们掌握的东西不一定是真理。很多投资人为什么会摔大跟头，就是他笃定自己掌握的一定是真理。

比如我们买了一只股票，过了一段时间股价下跌了，这个时候我们肯定要去复盘，仔细研究，究竟是哪个环节出现了问题。

第一种是结构的问题。比如说供给的格局被破坏，以前觉得这家公司有3~5倍的空间，后来发现由于种种原因只有2倍空间了，坦率来讲此时应该离场。因为这种破坏不是一个缓慢下跌的过程，而是一个摧毁性的打击，是非常致命的。

第二种是节奏的问题。比如 2022 年的疫情，有很多长期的东西并没有变化，企业短期、中期、长期的竞争力也都很好，只是货运不出去，或者说这段时间正好碰到一些问题，但是这些问题经过时间可以得到修复。

第三种是估值的问题。比如说市场情绪不好，以前认为这家公司 20 倍估值比较合理，最后跌到 15 倍也是有可能的。这种情况下，因为结构和节奏都没有改变，那就可以用下跌的空间换取更高的安全边际。

总之，要时刻提醒自己复盘和重新思考，到底是哪个层面出了问题。如果下跌只是因为估值问题或者情绪问题，那该坚持就得坚持，甚至应该加仓。但是如果存在一些原则性的问题，比如结构被破坏了，就应该坚决离场。这个时候如果纠结细节问题或者不去反思，就是一种愚昧的坚持了。

好买： 2022 年 9—10 月，我们观察到很多基金经理有点情绪化，处于一种非理性的状态。您怎么避免这种现象发生？怎么从低迷的情绪中走出来？

李岳： 2022 年 4 月、9 月和 10 月的这些时间，都是对人性巨大的挑战。恐慌、担心、焦虑，这些情绪一并袭来。那个时候我们也陷入了迷茫，受到不小的影响。

迷茫过后，更重要的是理性地分析形势，反省到底是哪个层面出了问题。比如 2022 年 2 月之前我们就觉得市场会下跌，后来又发生了俄乌冲突等一系列的事件。单一事件的影响好像没有那么大，但把诸多事件串联起来，就会发现全球的格局在发生变化。我觉得做投资需要在宏观的框架中进行思考。

那时候我们大概用了一星期的时间搭建了一个宏观框架。这个框架

90% 是自下而上的，但是留了 10% 自上而下的干预。这时候我们要集中精力去思考哪些矛盾是结构性的，哪些矛盾是节奏性的，哪些影响是长期的，哪些影响是短期的。一旦想清楚之后，就不会特别焦虑了。

做有口碑的资管机构

好买：离开高瓴之后，您基本完成了研究与投资的完整闭环。那时候您即将开启下一段旅程，相当于整个人生的角色发生了非常大的转变，需要在更大的平台上证明自己的价值。在这个过程中，您自己的感受有什么不一样？

李岳：我觉得还是有很大的飞跃。从职业生涯的角度来讲，从一个小助理成为研究员，从研究员到基金经理，从基金经理到投资总监，再到现在执掌一家公司，其实是一次次的飞跃。

这里的飞跃，并不代表基金经理的研究能力就比助理研究员强，也不代表老板的投资能力就一定比基金经理强。实际上是单项能力的要求降低了，但需要组织的能力加以弥补，需要更强的系统性能力。这和一家公司的愿景和初衷有很大的关系，也就是公司的战略。

如果公司的战略是要做国内最好的业绩，那可能只要在投资这件事情上努力就够了。但是我们的愿景是在资管行业打造一个长期的品牌，并且是有一定口碑的品牌。我们相信，做对了因，自然有好的果，只是从因到果需要一个时间维度。

从组织的生态系统来看，我们希望员工的性格和观念越多元越好，但是内部的价值观要一致，这样可以减少彼此之间的摩擦。

好买：您刚刚讲的公司战略，具体怎么通过组织的能力去实现？

李岳：为什么人需要组织？如果你认为自己无所不能，其实并不需要那么多组织。但如果你认为自己并非无所不能，有明显的长板和短板，最终要靠组织的能力去弥补。

我现在很笃定的一件事情是，只做长期正确的事。面对任何的选择，如果只是短期有利可图，但长期可能会有潜在的风险，我肯定不会去做；反之，如果短期稍微难一点，但是长期会有成果，我肯定会坚持到底。

虽然有时也要顾及一些所谓的短期成果，但是有一个优先顺序的问题。如果碰到原则性的冲突，我一定选择长期。**我们当然希望长期要做好，短期也要做好。但所谓的长期，不应该成为"躺平"的理由。**

好买：如何克服这种短期欲望呢？这也是一个逆人性的过程。怎么去平衡组织内部对成长期权重的错位或者背离？

李岳：首先要明确一点，所谓的追求长期，并不是弃短期而不顾。我们希望长期做对的事情，战略上不能错，但战术上也要赢。

其次，什么是好的激励？**很多人认为金钱是激励的上限，但其实金钱是激励的下限，激励的上限是愿景。**大家要相信正在做的这件事，这不是一个短期激励的问题，要是有人不相信，那彼此的价值观就会出现分歧。与此同时，分配机制也要做到市场领先，这两件事情并不矛盾，只是说我们目标要定得高一点。

好买：很多制度和文化建设层面的激励，某种意义上一定要形成化学反应，否则整个组织很难有非常好的产出。您创立浑瑾已经快两年时间了，觉得整个组织化学反应的进程已经到一个比较好的阶段了吗？还是有很多地方需要去调整？

李岳：比较幸运的是，我们创立的时候就有一个比较大的种子基金。创立之后很快就过了盈亏平衡线，因此敢于去做比较大的投入，去思考发展的问题。另外当时还遇到了曾经共事很久的朋友。第一天搭建团队的时候，就不存在凑合这件事。尽管我们现在还处于一个早期的阶段，但已经进入了正循环。

迭代和革新永无止境，我们远未达到一个很稳定的状态。我们也在加强做空的力量，虽然当年我们是做多的受益方，我觉得两边都有机会。对于未来世界的重构，组织内部要具备这个能力。做空需要的不仅仅是能力的不同，还有思维方式的不同。

我很喜欢奈飞提出的企业文化：We are a team, not a family。我们是一个团队，我们的目标是要赢，我们私下可以是很好的朋友，但我无法容忍"差不多"的这种观念。我们去做大胆的尝试，在可控的范围内愿意为所有人承担风险。

好买：到现在为止您对于整个团队的满意度如何？如果满分为 100，您觉得可以打几分？

李岳：客观来讲，我觉得可以打 70 分。经过两年的快速磨合，团队在价值观、审美、思想等层面已经越来越趋同，当然内部也会有分化。

好的方面就是我们的信念很坚定，对于要做的事情非常自信，不足的方面在于每个人对自身的要求存在一定差别。想成为行业里的顶级，有很多的路径，最主要的是要有一个响应力很强的企业。组织的意义首先是提供一个方法论，其次是设立标准，必须把标准设定在一定的高度。

浑瑾的目标是在中国的资产管理行业里打造自己的品牌，这个品牌不靠广告，靠营销，靠大家的口碑。我们追求品牌的影响力和品质感，希望在一起奋斗的 5 年、10 年里，大家相伴而行，彼此信任，共同分享，最后每个人都能有所成。

从结果来讲，做不好的概率应该不大，但是能做多好，有时也要看运气和各种因素，有些因素还是不可控的。**不能把成功建立在运气之上，能力和认知决定成功的概率，运气决定成功的宽度，这个顺序不能被打乱。**

要相信，做对的事情，结果自然是好的，只是时间长短的问题。

能力和认知决定成功的概率
运气决定成功的宽度

李岳投资金句
QUOTATION

❶　生意具有一定的普适性，很多生意都有其自身的宿命。

❷　所谓穿越周期，就是集中度变得更高，长期的资本回报率也越来越高，不受经济周期的影响。

❸　环境会扭曲生意所表现的形态，但同时，环境的变化往往会创造巨大的阿尔法。如果环境发生了变化，观点也要跟着转移。

❹　人最大的智慧就是认识自己的无知。

❺　世界是高维的、复杂的、多样的、曲折的、未知的，任何低维的、简单的、单一的、线性的、完美的思考都是危险的。

❻　在 90% 的时间里，宏观的确不重要。但是如果放在历史的长河里看，宏观在 10% 的时间里可能决定你的生死。

❼　如果下跌只是因为估值问题或者情绪问题，那该坚持就得坚持，甚至应该加仓。但是如果存在一些原则性的问题，比如结构被破坏了，就应该

坚决离场。

❽　长期主义并不是抱定一件事情不放，而是相信从因到果需要一个时间维度。做对了因，自然有好的果。

在高波动、高度机构化的港股市场，能穿越多轮周期的幸存者并不多。对港股的研究和挖掘，覆盖了余小波十余年的投资生涯。

从港股到 A 股，从国际资管到自立门户，余小波始终坚持绝对收益的理念，关注公司现金流的稳定性，强调风险收益的非对称。

注重研究细节、秉持投资原则、忠于投资现实，对朴素价值投资理念的长期坚持，成就了如今的余小波。

静瑞资本　余小波
寻找好生意，
关注风险收益不对称

余小波

静瑞资本　创始人、首席投资官

- 拥有 15 年大中华区投资经验，曾于 A 股、港股、美股等市场管理股票基金总规模近 200 亿元，并取得长期优异的投资业绩。2021 年创立静瑞资本。

- 先后工作于中金公司及亚洲资产管理公司惠理集团，历任分析师、高级基金经理、投资董事及中国区总裁等职务，多次获得金牛奖、金阳光奖、英华奖及彭博离岸中资基金最佳总回报奖等业界权威奖项，并带领惠理中国公司跻身中国内地外资前十大资管公司行列。

- 于 2020 年被中国保险资产管理协会委任为境外投资专业委员会委员。

格雷厄姆在《聪明的投资者》一书中写道："投资艺术有一个特点不为大众所知。门外汉只需些许努力与能力，便可以取得令人尊敬（即使并不可观）的结果。但是，如果想在这个容易获取的标准上更进一步，则需要更多的实践和智慧。"

价值投资从不缺乏拥趸，是拥有较长历史的一种投资策略，人们对其中的很多投资理念并不陌生。然而从知到行，存在很多认知与实践层面的差异。

投资极具艺术性，但也有科学性的一面。想要做好投资，仅仅依赖宏大叙事或是纯粹根据直觉作出定性的判断是远远不够的。正如查理·芒格所说，"投资并不简单，认为投资简单的人都是傻瓜"。在余小波看来，**在定性的基础上，研究公司更需要精细的定量分析，投研框架需要落实到每一个数据和细节，需要严格的逻辑链条予以佐证。**

长期服务海外投资者、机构投资者和家族基金的经历使得余小波擅长以产业眼光寻找持续创造价值的优质企业。**对绝对收益的追求，对生意本质的研究也是静瑞的底色。**

一路走来，从耕耘到收获，有很多一以贯之的东西从未改变。

2007—2009 年，余小波在中金任分析师。

2009 年，余小波加盟惠理出任高级分析师，2014 年晋升为基金经理及高级基金经理，并于 2016 年晋升为投资董事，参与管理集团旗舰价值基金及多项欧美专户基金，同时担任惠理医疗行业基金和 A 股专户基金的基金经理。2017 年起，余小波担任惠理中国区总裁。

2014—2016 年，余小波主要参与管理港股基金，2015 年开始做境内业务。2015—2021 年，余小波团队总计管理了 120 亿元资金，其中 100 亿元来自银行资管以及保险。余小波除了对医药和消费行业进行长期的跟踪分析，对金融和地产等周期性板块也有很深的研究。在惠理管理产品期间，不仅长期研究 A 股市场，还研究整个大中华地区的产业链。

2021 年，余小波离开惠理并创办静瑞资本。静瑞成立以来，旗下代表产品经历了市场的剧烈波动，在基金保持满仓、港股占比超 60% 的情况下，产品仍大幅跑赢指数，而且组合整体波动较低。

在港股市场近乎全仓穿越牛熊的基金经理并不常见，余小波一直以来坚持绝对收益的理念，重点关注公司现金流的稳定性、风险收益的非对称性以及供给侧优势，即使阶段性面对较大的业绩压力也是如此。

回到投资本源，深耕研究细节

港股从来就不是一个容易生存的战场，历史上恒生指数大大小小的股灾出现了近百次，单日跌幅超过 5% 的有近 50 天，各种危机随时都可能引发市场的大幅下跌。

在这个以海外投资者为主导的市场中，每当危机来临、配置港股意愿下降时，流动性就会迅速抽离，市场估值进而会遭受猛烈的打压。相比于 A 股市场，港股市场的机构投资者较多，不管是面对机会还是挑战，市场的博弈总是格外凶险。

"一着不慎，满盘皆输"可以用来形容在港股市场如履薄冰般的投资体验。如果说在港股市场上赚钱是困难的，那么更困难的就是长期生存下去，不被突如其来的危机打倒。

余小波在惠理期间主要管理海外机构的资金，客户以海内外的机构投资人、家族办公室为主，包括一些海外大学基金、欧洲主权基金和欧美家族基金等。这些外资机构在投资中不仅关注收益，也高度关注风险。

长期与机构投资者打交道，使得余小波一直以来都将长期绝对收益作为首要的投资目标，多个海外市场的投资经验也提供了不同的视角。在海外市场频繁的波动历练下，认知与把控风险的体系逐渐形成。

在惠理时期，余小波管理的 A 股和港股策略产品 2015—2021 年的年化复合回报率达 20% 左右。与此同时，产品在穿越数次股灾的过程中都表现出远低于市场平均水平的波动率。更难能可贵的是，除了 2018 年基金净值有小幅回撤之外，其他年份均取得了正收益。

在金融危机中被击垮的机构多如牛毛，甚至不乏已经拥有稳固根基的大型投资机构，包括一些知名对冲基金。在十几年的海外投资历练中，最后能够在数次危机中存活下来的优秀管理人其实非常罕见，风控系统存在瑕疵的机构往往难逃"黑天鹅"的突袭。

港股的低流动性更加促使余小波从产业的角度去思考问题，而非将短期博弈作为出发点。

"最终投资还是要回归本源，也就是这个股票背后的生意到底赚不赚钱，这其实是一个很朴素的思维。"

这样一种朴素的思维，践行起来却是非常浩大的工程。对余小波而言，投资并非宏大的叙事或概念，也并非凭借直觉去定性地判断一个行业或一家公司是否优秀，在众多的信息噪声中，需要做的是摒弃无用的信息，将对趋势的感知具象化到每一个定量的数据与事实。在惠理时期，余小波很早就学会如何全面且细致地研究一家公司，比如怎样发现财务报表中的陷阱等，并将大部分精力放在细节研究上。

对上下游产业、对竞争对手的细节研究也是不可或缺的一环。余小波谈及平时与同行以及企业家之间的深刻交流，认为他们有一些共性，都喜欢讲逻辑、讲事实、讲数据，他认为这种互相沟通和学习的过程非常有价值。

"研究就是要时刻依据事实本身，持续跟踪事态变化，这个过程很花时间且不容易完成。我们做研究时，不仅要从公司本身出发，还要分析它的竞争对手、上游、下游，反复核对各个细节，最终作出判断。"

读透生意模式，科学承担风险

随着中国资本市场的发展日趋完善、越来越机构化并开始和海外接轨，国内以资产配置为目标的长线资金逐步开始增多，与海外的机构或家族基金比较类似，拥有丰富海外资产管理经验的余小波团队踏上了创办静瑞的道路。

静瑞资本成立于 2021 年 4 月，旗下代表产品成立于 2021 年下半年的市场高点。经历了市场的剧烈波动，在基金保持满仓、港股占比超 60% 的情况下，产品自成立以来相比沪深 300 有 20% 的超额，相比恒生指数有近 35% 的超额，而且组合整体波动较小，优于绝大部分管理人。

对波动和回撤的优秀控制能力在动荡市中尤其难能可贵，这离不开余小波对优质企业准确的定义和严格的筛选。余小波在产品运作过程中选择了很多安全边际较大的股票，这些企业都有一些共性：拥有持续优质的现金流，价格上具备较高的风险补偿，并且行业出现了明显的拐点。

静瑞所践行的，一直是寻求这个最朴素问题背后的答案：什么是好的

生意？

所谓内生价值，就是企业生意产生的未来现金流折现的价值，因此好的生意一定离不开稳定可预测的现金流。

静瑞的研究框架就是基于这一最基础的逻辑搭建的。

首先要找到未来具有稳定可预测现金流的生意模式，其次要建立持续跟踪的研究体系，研究企业所处经营环境的变化，并选择一个合适的价格买入，以确保未来有良好的回报率。

所有的研究和判断都离不开对企业的业务及生意模式的深入了解，对基本面的深度挖掘是静瑞的特点之一。 在静瑞，研究员的首要任务是分析财务报表的结构和公司的盈利情况，尤其要对一些特定的会计假设进行标注，对现金流形成比较清晰的感受。其次是按照市场、类别等维度对公司业务进行拆分，将企业收入量化为各个变量影响下的结果。基金经理和研究员会展开积极的互动，讨论对公司收入和利润产生较大影响的项目。

根据企业的历史财务数据对股票进行筛选，形成一个含有几百只股票的核心池，并由资深研究员对核心池中的股票进行覆盖和跟踪。静瑞内部并不强制要求写研究报告，而是希望研究员将大部分时间和精力放在定期更新调整财务预测模型上。

余小波认为，在研究过程中需要将业务和财务模型拆解清楚，当然这一步骤的要求是极高的，某些复杂公司的财务模型分析可能需要数周时间。在逻辑清晰的模型基础之上，再将企业的财务数据和经营变化反映到模型中，以量化企业的内在价值，然后再找合适的价格买入。

实际上很多机构都会有类似的投资流程，对静瑞来讲，将研究的每一步做得更为深入和细致是关键所在。

对于余小波来说，除了生意模式的差异，很难有其他绝对的衡量标准。不存在价值股与成长股的对立——成长性也反映了远期现金流的能力，是价值非常重要的一部分；不存在大盘股和小盘股的对立——核心是业务产生现金流的能力，而不是公司的大小；也不存在成熟行业与新兴行业的对立——成熟行业增长慢但资本开支少，现金流回报不一定差。以上这些资产的标签都可以摒弃，唯一不变的核心仍然是企业获取现金流的能力。

除了关注企业获取现金流的能力，静瑞也十分重视风险与收益的不对称性。

所谓不对称性就是超额收益，是经过风险调整之后的收益，可以持续积累。市场的极端波动其实一直很频繁，但波动不等于风险，在波动的宏观环境之下，仍有企业的生意和现金流只受到最低程度的影响。

余小波认为，波动提供了非常好的投资机会，在没有波动的市场中资产都是充分定价的，很难找到好的投资机会。**承担风险的过程，就是基于不确定性下注。**静瑞希望即便错了，付出的代价和损失也是比较小的，但如果对了，则能获取比较大的收益。

"当风险补偿非常高的时候，我们要承担风险而不是离场以规避风险。任何高回报都是因为承担了一定的风险，重要的是要以科学的方法来承担这样的风险。"

坚守投资理念，倾注团队建设

静瑞的很多客户都是余小波长期稳定的朋友和投资人，在权益整体较为低迷的背景下，老客户们曾经持续大比例地逆向追加。"做事正，理念正""投资动作与投资理念一致"是大家对余小波的一致评价。**这份信任并非凭空而来，行为往往最具说服力。不管市场如何，余小波始终坚持自己的打法，投资者们有目共睹。**

价值投资者在逆向布局时往往也是在与市场做对抗，需要承担过程中的压力，承受这份不可避免的痛苦。历史上几次极端的行情，都能够从中看出投资的定力。

2015年上半年，牛市汹涌，创业板急速上涨。由于当时管理的专户基金有持仓限制，不能减仓，为了控制风险余小波只能配置了40%的银行股。在大盘崩盘时，银行板块甚至有所提振，最终在大盘下跌50%时，余小波管理的产品在满仓情况只下跌20%。

2016年初，市场熔断，大盘跌停，尽管面临很大的压力，余小波仍然坚信应该满仓。他认为，第一，这波下跌并非基本面导致，而是金融政策所导致；第二，在连续下跌后，很多资产的隐含回报率已经非常高。这次满仓行为承受了来自投资机构的巨大压力，但后来的事实证明，余小波是对的。重压面前，这份独立思考和坚持自我显得更加难能可贵。

2020年上半年，央行巨量流动性释放，市场也逐步走牛。大家的业绩表现都不错，但当时余小波的组合面临短期落后。然而余小波熬过了这段艰难的时光，2020年下半年产品收获了50多个点的收益，并在2020年底逐步减少了大消费等当时最热门但估值过高的行业。

投资理念和策略的稳定是余小波的优势，即使在短期风格不占优的情况下，他也会接受阶段性地跑输市场，坚持独立思考，不轻易动摇。从结果来看，时间和市场都证明了余小波的判断。

　　如何在对抗市场的过程中坚持自我，保持良好的投资心态？余小波从十几年的个人投资经历中获得的体会是，第一要摒弃杂音，不管研究到什么程度，有多少不确定性，是否得到市场的正反馈，都要专注于投资和研究本身；第二要接受不确定性，投资是在控制风险的前提下赚钱，过程不可能很舒适。在投资中感到痛苦恰恰体现出对可能发生的风险的考量以及对研究的精益求精，怀抱谨慎之心，方能胜券在握。

　　除了对投资理念的坚守，余小波在团队管理方面也有自己的特色。

　　平日里，余小波是最早到公司的人。对于注重效率的他而言，团队沟通以必要性为前提，开会频率不宜过高，一般一周一次，例会上投研团队会讨论一些核心问题。有趣的是，例会时间安排在每周日晚。余小波认为，在周末的放松结束之际，周日晚上大家通常都有时间，会议结束后也可以收一收心，为新一周的工作做好准备。

　　和余小波长期共事的人通常会评价他是一个正直并且言行一致的人，在工作方面他总是尽可能删繁就简，摒弃务虚内容，避免形式主义，强调高效和扎实地做研究。而在管理团队方面，余小波也总将他的细致周全和乐于分享表现得淋漓尽致。

　　余小波很擅长挖掘每个人身上的潜力，不限制个人的发展，为团队成员的职业生涯考量，不断拓展成员的能力边界，也会提供必要的支持。比如对于非投研部门的同事也会开放投研资源，并鼓励他们参与其中。在烦琐的管理工作中还能够注意诸多细节，体察众人，同时不失效率，这也是余小波能够得到团队信任和支持的重要原因之一。

　　从惠理到静瑞，余小波一直以来遵循最朴素的价值投资理念，寻找好的生意。与此同时，注重每一个研究细节的落实，忠于投资现实。

　　投资和研究是一件没有止境的事，不管是宏观层面的市场环境还是微观层面的企业，都无时无刻不在发生变化，而研究就是穿透这些变化，寻觅底层规律，不断重构和修正投资框架。在余小波看来，做投资最重要的是要具备独立思考的能力、逻辑思维以及寻根究底的好奇心。

　　除了投资方面的全情投入，余小波对团队管理的倾注也令人折服。一路走来，不管是投资者还是团队，余小波吸引了很多追随者和共事者，这源于他的个人魅力，也源于大家对他为人处事方式的认可。

　　静瑞在余小波的带领下，走着稳健、踏实、有迹可循的每一步。高度透明的投资理念，背后是不计其数的细节积累，余小波用自身的努力为这些理念做了完美的注脚。

静 瑞 资 本
TRANQUILITY CAPITAL

- 静瑞资本成立于 2021 年 4 月，由惠理前中国区总裁兼投资董事余小波先生带领团队创立，汇集了来自境内外知名投资机构的专业人士。

- 专注于企业的真实现金流，专注于寻找风险收益不对称的机会，获取风险调整后的可持续超额回报。

- 全球化视野，跨市场投资能力，深度覆盖 A 股、港股、中概及大中华市场。

- 采取产业深度研究与定量财务模型相结合的模式，建立起独具特色的行业、产业专家型研究团队。

- 以强制跟投、奖金递延跟投等制度确保与投资者利益高度一致，从而实现长期收益最大化。

关注生意本身，

构建"反脆弱"组合

投资需要定量，需要细节，不需要噪声

好买： 创办静瑞之前您的投资经历是什么样的?

余小波： 我的经历比较简单。最初在中金公司做了 3 年分析师，2009—2021 年就职于香港惠理基金，在惠理从研究员到基金经理，最后到中国区负责人。

我的从业经历可能和国内很多公募基金出身的基金经理有所差别，因为我以往的客户以海外和国内的机构投资人、家族办公室为主，比如海外大学基金、欧洲的一些主权基金等等。投资的范围也更广一些，不只是 A 股和港股，而是涵盖了整个大中华地区。

2015 年我开始做国内业务，主要管理一些银行和保险的委托资金。2015—2021 年，我的团队在国内总共管理了 120 亿元资金，其中大部分来自机构投资者。

好买： 海外市场的投资经验对您投资理念的形成有什么影响?

余小波： 总的来讲有三个方面的影响。**第一，因为长期和机构投资者打交道，所以一直以来比较关注长期绝对收益的投资目标。第二，海外的投资经验提供了不同的视角**。我们不仅研究 A 股和港股，也研究中国台湾、韩国、日本等地区的产业链，很大程度地开阔了视野。**第三，海外市场的波动比较频繁，在这种历练下我们逐渐形成了认知和把控风险的体系。**

我在港股市场经历的时间比较久。由于港股的流动性相对差一些，所

以更加促使我从产业的角度去思考问题，而不是将短期博弈作为出发点。在一个流动性相对较低的市场中，其实没有那么多所谓的博弈空间，最终投资还是要回归本源，也就是这个股票背后的生意到底赚不赚钱，这其实是一个很朴素的思维。

好买： 您在这个行业成长的过程中，有没有对您影响比较大的人？

余小波： 在惠理时带过我的几位基金经理都非常优秀，他们很早就教会我如何细致地研究一家公司，怎样发现财务报表中的陷阱，使我从一开始就很注重研究细节。否则可能要花很长时间停留在一些大而空的概念上，比如这个行业很好，或者这个公司的管理层非常优秀等一些定性的结论。其实投资是需要定量的，最终你要决定是用 10 块钱还是 8 块钱买入标的。因此在惠理的这段经历让我成长很快。

另外平时和同行以及企业家之间也会有非常深刻的交流，他们有一些共性，就是喜欢讲逻辑、讲事实、讲数据，我觉得这种互相沟通和学习的过程非常有价值。

信息来源有很多，当下的问题不是信息不够，而是信息过剩，要尽量摒弃其中的噪声。 如果想研究一家公司，在认真阅读它过去 5 年的财务报表之前，通过其他信息来判断未来的发展趋势其实没有太大用处。

好买： 是什么契机促使您离开惠理并创办了静瑞？

余小波： 主要有以下两方面原因。一方面，过去几年中国资本市场的发展越来越完善，越来越机构化和国际化，开始和海外接轨，有利于我们这类有海外投资经验的投资者。另一方面，国内以资产配置为目标的长线资金逐步开始增加，与海外的机构或家族基金比较类似，这种性质的资金和我们的投资理念比较匹配。这也是促使我们创办静瑞的原因之一。

关注生意本身，力求风险收益的非对称性

好买： 静瑞产品的业绩有一个非常明显的优势，就是在获得很大超额收益的同时，还能保持很小的波动，这是如何做到的呢？您在投资过程中比较关注哪一类企业？

余小波： 实际上我们并没有择时，也没有使用任何对冲工具。我们的投资框架中最重要的是两个部分。

第一，全力关注公司的生意本身。资产不仅是股票，还包括能够带来正向现金流的所有财富资产，大部分资产的定价都是远期现金流的折现。我们大部分时间都在关心生意本身到底挣不挣钱，能够产生多少现金流。一项生意挣钱，其本质是这家公司提供的商品或服务能够让消费者买单，我们寻找的就是可以在行业竞争中持续让消费者买单的企业。回到一个朴素的价值观上来看问题。

第二，关注风险的定价。我们特别重视正确地承担风险。所有的资产想要获得收益的同时也要承担相应的风险。大家在做投资时可能经常不知道如何给风险定价，不知道以什么样的价格出手才是对的。

真正好的资产并不是表观收益好的资产，比如最热门、最性感的赛道，而是风险收益极其不对称的资产，这种不对称带来的就是阿尔法。举个例子，中国市场过去相当长时间如果只看表观收益率，优质公司股票的长期复合回报率其实比房地产要好，房价的波动率只有 2% 左右，而股票的波动率则可能超过 30% 。因此从风险收益比的角度来看，这两类资产中更优质的其实是房地产。当然这是特定时期特定原因造成的，现在地产价格的

波动率已经上升了。

因此要确保支付适当的价格去获取某种价值，选择隐含回报率较高并且风险补偿足够多的标的。

好买：您如何看待近几年市场对于景气度以及赛道股的追捧?

余小波：国内市场每隔一两年就会出现对某个行业或者领域的追捧，如消费、互联网或新能源。如果回溯港股的历史，一些传统甚至夕阳行业中，我们也能发现涨幅很大的公司，甚至超越所谓的热门赛道，原因是虽然赛道不热门，但行业供给侧出清，剩下的优秀企业反而比较赚钱。**因此不要刻意为标的贴上标签，如成长价值风格、大小盘股等等，这些都不重要，重要的是这家公司的生意挣不挣钱，以及未来能不能持续挣钱。**

大家喜欢买景气度高的资产，所有的行业都有供给和需求，景气度高则代表需求旺盛。但从长期投资的角度看，我们反而更加关注供给侧。

虽然中国的经济增速比美国快很多，但美国股市却是一路向上。那是因为美国很多公司经过长期的竞争后格局已定，尽管经济增长很慢，但供给侧格局较好，竞争对手少，竞争程度低，赚到的钱通常拿来分红或回购股票，有利于小股东。而中国经济增长较快，很多资本在竞争中被消耗，这对消费者或者产业可能有利，但对股东可能并不十分有利。因此**从供给侧的角度判断企业的投资价值十分重要。**

好买：您做投资时很重视精选个股，是否也会考虑外部宏观因素扰动? 是否会将自上而下、自下而上的方式结合在一起?

余小波：必然会结合在一起，我们在研究公司时，也要看它的生意和近期宏观风险有没有关系、有什么样的关系。宏观、中观这些有关企业生意的细节研究都要融合在一起，而不会单独加以考虑。**我们不会根据宏观**

去做择时，但一定会在研究过程中考虑宏观因素。

好买：您的投资框架高度透明，比如看现金流，以及注重风险与收益的非对称性，这样的投资策略具有一定的可复制性，您认为做出超额的核心原因是什么？

余小波：第一，要回到投资的本源，我们大量的研究都是基于生意本身，在这方面做得比较扎实和精细，而较少考虑股票之间的博弈。第二，我们会用一个有纪律性的框架来做研究。比如某个资产很优质，但价格透支很严重，提前兑现了未来的现金流，我们会认为此时它的风险收益比不佳，也就不会选择这样的标的。总之，最终还是依赖对纪律的严格遵守以及对投资边界的坚持。

在海外市场，经历过很多次金融危机后发现，能够幸免于难存活下来的优秀管理人其实并不多。"黑天鹅"事件会击垮很多机构，不用说中小型机构，甚至大型机构，如果在风控上出现问题，也有可能就此消失。

众所周知，投资中理想的状态是追求复利，这样能够提高长期收益。**在我看来，复利这个词的关键是"复"，而不是"利"**。"复"的意思是能重复做这件事，投资体系可复制、可持续、可解释，进一步意味着需要有很好的风控体系的加持。

我们的组合不会太分散也不会太集中，要求单一行业不得超过 30%，即便再看好某个行业也不能过度集中。这就是为了防止所谓的"黑天鹅"事件，因为任何行业都有风险，研究得再透彻也无法百分百避免。

好买：您这种投资框架常常需要左侧布局，左侧从某种意义上讲是和市场做对抗，您如何掌握这种平衡，既能保持紧迫感，又能从容应对？

余小波：就个人经验来讲大概有以下几个纬度。**第一要摒弃杂音，不**

管研究到什么程度，有多少不确定性，只要关注投资本身就好。因为市场有很多主体，有时候焦虑并不是因为研究方向不对，而是因为别人买入的公司或行业在大涨，而自己买入的标的还没有反馈。如果能够专注于投资和研究本身，就可以屏蔽这些来自外界的压力。

有些行业可能存在先发优势，最先进入的竞争者成本最低。但投资不是这样，股票一直在那里，没有任何对手可以阻止你去买入，投资结果完全取决于你的认知。所以只需要聚焦标的本身，其他人是不是持有与自己没有太大关系。

第二点要接受不确定性。投资中需要经历很多痛苦和失败，结果和预期相背离的情况时有发生，我相信这是每个基金经理的必经之路。焦虑的心态是不希望自己处在不确定性之中。

但我想说的是，如果在投资中感到痛苦，那就对了。如果想成为一名基金经理，就要学会让自己承受这种感觉，甚至要让自己习惯于这种感觉。换句话说，**如果感觉不到痛苦，就要小心一点了**。这种所谓的痛苦，包括对研究结果不确定的焦虑等，如果完全不痛苦，说明对结果已经很确信，那么其他人大概率也会很确信，当所有人都很确信的时候，资产的内在价值就已经反映在价格上了。此时一旦有风险事件爆发，价格会下跌很多。

痛苦的情况是做了很多研究之后，仍然觉得可能存在一些风险，这反而是一种较为理想的状态，因为此时有很强的风险意识，觉得研究做得还不够，那一定会小心翼翼地去处理这笔投资。

总之，**基金经理要一直处于非常警惕的状态，要从舒适区走出来**。我们的目标是在控制风险的前提下去赚钱，这个过程本身就不可能很舒适。

好买：您观察过这么多海外的投资人和投资机构，您觉得投资中比较容易犯的典型错误有哪些?

余小波：归根结底有这几类。一类是容易情绪波动。大家通常容易在牛市的时候放松对风险的观察，不再谨慎，而在熊市时又过度担忧，对于可能的机会视而不见。资产价格的短期波动有随机性，而中长期能够反映它的内在价值。

另外一类错误主要源自对资产本身的研究不到位。如果研究没有到位，只是基于自己的想象觉得这个标的很好或很差，最终反映出来的结果通常会和想象不太一样。

另外，研究就是要时刻依据事实本身，持续跟踪事态变化，这个过程很花时间且不容易完成。我们做研究时，不仅要从公司本身出发，还要分析它的竞争对手、上游、下游，反复核对各个细节，最终作出判断。

好买：您如何看待投资中的换手率?

余小波：换手率其实并不完全取决于我们自己，很大程度上取决于买入的资产以什么样的速度达到了预期。

通常我们在买入资产时，都希望以3年的维度来实现预期收益。比如有一家公司，我们觉得它的生意每年大概有20%的增长，3年以后差不多接近翻倍，就准备持有3年。但是买入以后，它的价格在3个月内就涨了一倍，因为所在行业出现了一些概念炒作的现象，而和企业的生意本身没有任何关系。我们认为这3个月透支了其未来3年的价值，隐含回报率大幅下降，因此就果断卖出。事后证明当这个概念炒作平息以后，资产价格从顶部跌回起点。

所以我们坚持的逻辑是，当标的资产能够提供非常高的内在回报率，同时价格已经充分反映各种风险的情况下，就选择买入，当内在回报率不及预期时，就选择卖出。

好买：对投资而言，难的是克服人性。您在投资过程中，如何克服人性以应对市场的波动？

余小波：其实并不一定非要克服人性。常言道要在他人贪婪时恐惧，在他人恐惧时贪婪，但如果在他人贪婪时贪婪，又能在市场顶部顺利离场也很不错。市场中存在非常善于交易的人，他们也能获利。只是这种精确择时比较难，我们觉得自己并不擅长。我们从来不觉得自己的方法论和框架优于他人，关键在于所用的方法论和框架要经得起市场检验。

我们采用偏逆向思路，尽量全面考量困难，希望以较低的价格买入，因为在一个不确定的环境中，需要更高的安全边际、更低的价格来保护自己。**逆向只是结果，不是刻意为之**。

好买：在团队组建的过程中，研究员的什么特质是您非常看重的？

余小波：首先是独立思考能力。以前经历过很多次周期，也见过海外的明星基金经理做出糟糕的业绩，所以无论是权威还是有光环加身的人，一旦受制于认知壁垒，没有持续突破的话，一样会遭受损失，所以不盲从非常重要。

其次是数学和逻辑思维能力。**做研究不能只看一些大而空的概念，比如这个行业非常好、增长空间非常大，这种定性的结论远远不够，要用数据和事实说话**。

最后是要有寻根究底的好奇心。研究没有止境，大部分人会在对一件事情有所了解时就止步不前，只有少数人会自我驱动，进一步深入。因此我认为只有真心喜欢投资、喜欢研究的人才能把它做好。

好买：作为管理者您如何考核研究员？

余小波： 我认为无须设定硬性的考核指标，而是要看是否具备刚才我们所说的这些优秀品质以及有没有成长性。短期的硬性考核我个人并不认同，这只会促使研究员追求短期收益，我们看重的是个人的长期表现以及核心特质。

极端波动并不罕见，构建"反脆弱"组合以应对

好买： 最近各种关于外资撤离中国的言论甚嚣尘上，外资真的在撤离中国吗？他们如何看待目前的中国市场？

余小波： 从股市上看，外资的确正在撤离，但是商务部的数据显示2022 年 1—8 月中国实际使用外资同比增长超过 20%。难道外资有"精神分裂"吗？一方面大举投资中国，另一方面又大举撤资中国。

事实上，这是看问题的角度不同导致的。短期来看，由于汇率、经济形势等因素的影响，以金融投资为主的短线资金正在撤离股市。但是由于中国制造业的成本优势以及能源成本的优势，很多国际上的产业资本正在进入中国的投资市场，比如欧洲很多重工业、化工企业正在追加投资。短期资金和产业资本，无疑是后者更能说明问题。其实短期来看，经常能看到外资撤离的现象，这已经不是新现象，而是股市走向国际化的正常表现。

好买： 您如何看待市场的剧烈波动？在这样的环境下，我们应该如何进行投资？

余小波： 其实所谓的极端波动没有大家想的那么罕见。根据我们的统计，恒生指数在历史上单日跌幅超过 5% 的有近 50 天，各种危机随时都可能引发市场的大幅下跌，有时甚至是长时间的持续下跌。

在过去 30 多年里，每隔一段时间就有危机发生，每一次市场担忧的事情都不一样，每一次危机都被认为是最严重的一次。

极端波动其实一直很频繁，但是并不妨碍涌现出很多长期复合回报率很高的优质企业。**波动不等于风险，波动之下，我们更应该关注在这样的宏观环境下企业的生意是否能够持续以及企业的现金流是否有问题。**

我们不排斥波动，甚至认为波动会提供非常好的机会。如果没有波动，资产都是充分定价的，就很难找到好的投资机会。

当风险补偿非常高的时候，我们要承担风险而不是离场以规避风险。如果想要完全无风险，只能获得无风险收益，任何高回报都是因为承担了一定的风险，重要的是要以科学的方法来承担这样的风险。

承担风险的过程，就是基于不确定性下注。就每一次的投资而言，对与错的次数不重要，重要的是，如果错了，下限是多少。我们希望即便错了，付出的代价和损失也是比较小的，但如果对了，则能获取比较大的收益。

大家担心许多宏观的风险，比如疫情、国际关系等等。中国的产业链非常丰富、非常全面，即便这些宏观风险现在依然存在，我们还是可以在市场上找到许多与这些风险不相关的标的。假设疫情依然存在，假设国际关系继续紧张，还是有很多行业和个股不受扰动，它们的生意和现金流不受影响，虽然价格可能会跟随市场跌到比较低的位置，但能提供的内在回报率其实很高。

好买： 2022 年的市场普遍弥漫着悲观的气息，但也有观点认为当下处于长期的底部区间，您看好哪类投资标的？

余小波： 无论是乐观还是悲观，其实都是主观感受，而我们追求组合

每一次的投资，对与错的次数不重要

重要的是

如果错了，下限是多少

的反脆弱性，尤其关注满足以下客观条件的企业：

（1）即使在非常差的宏观环境下，企业自身的生意和现金流仍然没有问题。

（2）即便市场的流动性变得很差，但企业仅仅依靠自身的业绩增长、分红、回购就能够给投资者提供充足的回报。

（3）尽管当下环境不好，但是一旦反转，由于在行业中有非常明显的竞争优势（低成本、技术壁垒、品牌优势等等），这类企业能够在它所处的行业中获益最大。

我们寻找的是这类企业，如果能在价格便宜时买入，大概率能获得不错的长期回报。当市场充斥着担忧、股票价格普遍下跌时，若从获得优质资产的角度考虑问题，就会觉得此刻是个很好的机会，因为很多资产剔除无风险收益后的风险补偿非常高。

好买： 2022年全球市场波动较大，各国流动性也大多收紧，作为离岸市场的港股，波动也比较大，近几年港股的表现远不如A股，您如何看待港股的波动以及当下港股的投资机会？

余小波： 投资者感知港股波动比A股大，认为是流动性差、海外资金占比过高等因素导致，但这些问题不是今天才出现的，实际上当下港股的流动性相比早年已经有了很大改善。另外，流动性差、波动性大等特点对抱有购买资产心态的投资者而言，恰恰提供了很好的机会。目前的港股，由于巨大波动性产生了价值和价格的错配，空间非常大，所以我们对它抱有很积极的态度。

当前恒生指数的净资产回报率接近11%，但市净率估值只有0.5倍，比俄罗斯MOEX指数估值还低，扣掉无风险回报得到风险补偿，已经达到

15% 之高。

因此我们认为港股的风险补偿足够高，有很好的隐含回报，此时应该去承担风险，追求较高的收益，而不是离场，当然前提是对所买的港股的生意、现金流等有充分的认知。

机会诞生于矛盾之中，寻找风险暴露比较充分的行业

好买：　您认为未来一段时间市场的投资机会会出现在哪个领域、行业或板块？

余小波：　其实投资机会大多隐藏在社会经济的矛盾之中，我们现在主要面临三大矛盾，当矛盾激化或解决时，资产价格会发生变动，也会诞生风险收益不对称的机会。

第一，能源矛盾——新旧能源切换，供给不足，流向重构。

能源矛盾在未来可能会长期存在。一方面，旧能源投资不足，供给侧新增受限；另一方面，地缘冲突导致能源流动重构，成本大幅上升，而且新能源是很消耗旧能源的产业，新旧能源之间也存在矛盾。

长期来看，新能源替代旧能源的比例必然会持续上升，但是股东仍然希望所投资的公司可以赚到真金白银，因此在这个结构转换的过程中，我们更关注旧能源这类真正赚钱且估值不高的企业，比如油气等等。

另外，由于中国传统能源的价格低廉，包括化工、金属冶炼等在内的大量重工业开始从欧洲向中国转移。部分和新能源行业高度相关的特殊金属也会带来一定机会。

由于全球能源的紧张，对能源的安全需求也会带来新一轮的资本开

支，这一过程中所需的设备、各领域的零部件生产企业也值得关注。它们的发展与全球经济放缓、疫情影响并没有太大关系，有各自独立的产业周期。这类中小型公司值得细细挖掘，存在很多机会。

第二，地产矛盾——低息环境终结去杠杆，经济占比过大。

对于地产行业，大家可能会担心出现类似 2008 年美国次贷危机的情况，我们认为中国的情况和美国当时的情况有本质区别。另外大家也很关心地产行业会不会有政策支持，我们认为基于地产的重要性，不会出现大的系统性风险。中国的地产及其上下游产业链占 GDP 的比重较高，住房资产在中国城镇家庭资产中占比约六成，许多地方的财政收入一半以上来自地产行业，所以不会任由地产行业出现大范围的风险。

目前在全球低息环境逐渐结束的情况下，地产行业正处于逐步去杠杆的阶段，也是整个地产行业的一次大规模供给侧清理。地产行业不会消失，即便在西方比较成熟的经济体中，在经历了多轮金融危机后，地产在经济中仍占比 10% ~ 15% 。

我们认为当前在地产矛盾暴露比较充分的情况下，在地产相关的子行业中存在一些机会。存活下来的头部地产商可以获得更多的市场份额，也就是所谓的"剩者为王"。

另外，和老百姓日常家居、装修、智能家电升级相关的企业，也有现金流很不错的生意，存在一些机会。部分能够证明自身独立性的物业公司也具备投资价值。

还有一类机会是消费建材家居，但这些企业需要证明自己的回款能力。这些公司现在估值已经较低，风险已经暴露得比较充分。

第三，产业政策重构，适者生存。

从 2021 年开始出现了一系列产业政策的变化，主要集中在教育、互联网、医药等行业，这些政策确实使得相关行业的资产价格出现了非常大的波动。在当下这个时间点，我们并不知道这些政策未来会怎么演变，但在目前的价格之下，考虑这些生意本身以及生意未来的黏性，这其中其实有很多机会。

凡事都有两面性，互联网行业在整顿之后，减少了资本竞争，行业格局变得更好。企业减少了扩张，现金流变好了，同时估值变得很低。互联网行业的生意底层与国内消费挂钩，与一些宏观风险，比如海外冲突、通货膨胀等的关联度都不大。

而就医药行业来说，医药的消费具有刚性属性，老龄化不会因为政策或者经济而减缓，当大家过度担心集采等因素使它的价格变得足够低时，此时它的隐含回报率其实非常高，因为这个生意未来现金流的稳定性和确定性都很高。

互联网、医药行业目前估值都在极低位置，持续获得现金流的能力很好，有很大的吸引力。

产业政策的主要作用是加速行业供给端或者需求端的变化。并不是政策支持的行业就一定很赚钱或者被限制的行业就一定会亏钱，还是要看公司在行业内的竞争格局。

好买： 近期投资者热议的一个话题是，价值投资越来越难了，长期持有未必可以赚钱。您认为是价值投资、长期持有的策略失效了，还是万物皆有周期的缘故？

余小波： 这个问题很有代表性，很多人认为长期持有好公司就是价值投资，但其实并非如此。如何定义"好"是一个问题，所有企业都有经营周期，大部分企业是事后回过头来看才知道很好，但是未来企业的内在价值是否还能涨这么多倍其实是不确定的，过去的业绩不能代表未来。

由于未来的不确定性，即便是过去很好的公司，我们在投资的时候也希望以较低的价格买入，这样可以留下比较高的安全边际、容错边际和隐含的风险补偿。

持有公认的好公司5年不动并不是价值投资，很少有人在持有的3~5年内认真研读过所持公司的财务报表。被动持有公司，并未深入研究它的内在价值，只是给它贴了一个好公司的标签，这种行为不能被称为价值投资，其本质上是趋势投资，认为一家公司过去是好公司，就把它的盈利能力线性推导到未来。

好买： 运气是投资中很重要的因素，如何看待投资中运气的成分？

余小波： 这里的运气可以理解成不看基本面但择时择对了，然而择时很难每次都择对。运气能在短时间内极大程度地改变结果，但对于在行业中长期坚持的人，从事某项工作的时间越长，运气的影响程度就越低。

我的一个擅长玩德州扑克的朋友曾说过，在德扑的比赛中，新手有时候能够凭借运气战胜老手，但是当玩的局数增加到数百局，那参与者比拼的就完全是技术，只能通过磨炼技巧提高胜率，而不能指望运气。

有人曾经统计过，根据美国过去40年的交易数据，如果把将近1万个交易日中大盘涨幅最大的10个交易日剔除，指数的整体收益率会下降50%。投资者要如何保证这10个交易日都是满仓在场？更有可能发生的情况是大部分时间都不在场。如果有好运气当然很好，但是不能把方法论建立在此之上。

余小波投资金句
QUOTATION

❶　不要刻意为标的贴上标签，如成长价值风格、大小盘股等等，这些都不重要，重要的是这家公司的生意挣不挣钱，以及未来能不能持续挣钱。

❷　一项生意挣钱，其本质是这家公司提供的商品或服务能够让消费者买单，我们寻找的就是可以在行业竞争中持续让消费者买单的企业。

❸　真正好的资产并不是表观收益好的资产，比如最热门、最性感的赛道，而是风险收益极其不对称的资产，这种不对称带来的就是阿尔法。

❹　如果在投资中感到痛苦，那就对了。换句话说，如果感觉不到痛苦，就要小心一点了。

❺　极端波动其实一直很频繁，但是并不妨碍涌现出很多长期复合回报率很高的优质企业。

❻　承担风险的过程，就是基于不确定性下注。就每一次的投资而言，对与错的次数不重要，重要的是，如果错了，下限是多少。

❼　被动持有公司，并未深入研究它的内在价值，只是给它贴了一个好公司的标签，这种行为不能被称为价值投资。

❽　产业政策的主要作用是加速行业供给端或者需求端的变化。并不是政策支持的行业就一定很赚钱或者被限制的行业就一定会亏钱，还是要看公司在行业内的竞争格局。

❾　投资机会大多隐藏在社会经济的矛盾之中，当矛盾激化或解决时，资产价格会发生变动，也会诞生风险收益不对称的机会。

自 2005 年加入交银施罗德基金，十年时间，李德亮一路从研究员成长为基金经理，覆盖周期类、TMT、消费等多个行业。

创立仁布投资后，李德亮基于交银施罗德自上而下的投研体系，打造了仁布的宏观仓位择时系统，以攻守兼备的姿态，追求收益的同时控好回撤，在宏观仓位择时、中观行业比较、微观个股挖掘等层面打磨完善，不留短板。

经历多轮市场周期，仁布在各类市场环境中灵活应对，在各类风格行情下都有斩获，创造了长期优秀的风险收益性价比。

仁布投资　李德亮

追求夏普比率
最大化的长跑者

李德亮

仁布投资　合伙人、投资总监、基金经理

- 同济大学管理学学士，清华大学五道口金融学院经济学硕士，拥有 16 年从业经历。
- 2006 年 4 月加入交银施罗德基金管理有限公司，曾任行业分析师和基金经理。2013 年 9 月 4 日起担任交银施罗德定期支付双息平衡混合型证券投资基金基金经理，2014 年 1 月 28 日起担任交银施罗德强化回报债券型证券投资基金基金经理，2014 年 10 月 22 日起担任交银施罗德蓝筹股票证券投资基金基金经理。
- 2015 年创立上海仁布投资管理有限公司。

择时究竟有多难？华尔街流传着一个描述："要想准确地踩点入市，比在空中接住一把下落的飞刀还要难。"

如果能够精准地判断买入和卖出的时点，赚钱则会成为一件轻而易举的事。然而现实中，精准择时只是看起来很美，能够真正做好的人凤毛麟角。对于大多数人来说，择时的结果大概率会变成追涨杀跌，长期下来很难贡献正收益。

观察 A 股大部分的公募基金经理，择时向来不是主流策略。这背后的原因，一是公募基金的排名考核机制使得基金经理更在乎相对收益，不愿通过择时与同行的仓位偏离太多；二是相对于价值投资的精选个股、长期持有，择时策略不太受投资者推崇，基金经理自然也不愿意把自己打造成择时高手的人设。

然而，择时在 A 股市场并非是无效的策略。事实上，由于 A 股市场受情绪波动影响巨大，一些特殊的年份往往容易出现极端的现象，比如 2015年、2018 年以及 2022 年的市场，如果不通过择时对仓位进行灵活调整，可能会使投资者遭受不可估量的损失。考虑到国内资金久期较短的现状，投资者通常难以持有 3~5 年，适度的择时能够优化基金的持有体验。

不过做好择时并不容易，一是市场波动较难预测，择时极难百发百中；二是择时对管理人的经验积累、自上而下的投研能力要求较高。**在 A股做投资，择时更像是一种稀缺的能力，这种能力只属于少数既对市场周期有充分认知，又对宏观政策与诸多行业有广泛涉猎的基金经理。而李德亮恰恰就是其中一位。**

自 2005 年加入交银施罗德基金，十年时间，李德亮一路从研究员成长为基金经理，深受交银施罗德投研环境的熏陶，覆盖周期类、TMT、消费

要想准确地踩点入市

比在空中接住一把下落的飞刀还要难

等多个行业。创立仁布投资后，李德亮基于交银施罗德自上而下的投研体系，打造了仁布的宏观仓位择时体系，在复杂多变的市场环境下应对系统性风险，控制回撤。

自 2018 年 5 月成立以来，截至 2022 年 12 月，仁布代表产品年化回报约 25%，最大回撤仅 20% 左右。 在 2018 年中美贸易纠纷、2020 年新冠肺炎疫情扩散、2021 年核心资产抱团瓦解等危机时期，仁布的回撤不足 5%，且多次逆市实现正收益。

纵观李德亮十余年的投资生涯，无论是公募时期的历练，还是私募时期的考验，他都在深耕研究，提升认知，不断创新并拓展能力圈。**通过自上而下的大类资产配置来指导投资方向，通过自下而上的个股选择来提高组合锐度，追求绝对收益基础上的夏普比率最大化。**

投研的由广及深，逐步形成自上而下的大类资配框架

初见李德亮，举止儒雅，风度翩翩，谈吐间亲和随性。作为一名科班出身的基金经理，李德亮在公募期间的每一步成长都带着深深的学院派烙印。2005 年从清华五道口金融学院毕业之后，李德亮便进入交银施罗德基金。**十年的学习和积淀，帮助李德亮形成了完善的大类资配框架。**

作为公募基金头部梯队，交银施罗德在宏观经济研判和大类资产配置方向上一直领先于市场，对宏观环境的前瞻判断屡次得到市场验证，并培养了一批批擅长宏观研判、行业选择的优秀基金经理，李德亮正是其中的代表之一。

自上而下的资配框架一般都源于我们熟知的美林"投资时钟"，是一

种将经济周期与资产及行业轮动联系起来的投资方法。它将经济周期划分为四个不同的阶段：衰退、复苏、过热和滞胀，每个阶段分别对应某一个表现超过市场水平的特定资产类别：债券、股票、大宗商品和现金。根据美林"投资时钟"的转动，当经济周期发生变化时，所投资的资产也要相应地调整，而不是僵化地投资于同一类资产。

举例来看，2008 年全球经济从过热走向衰退，债券市场呈现牛市行情，股票市场呈现熊市行情。这时候如果把股票仓位降到 30%，债券仓位提升到 70%，当股市下跌时，债券能够赚取一定的收益来对冲。即使遇到指数级别的下跌，整个产品的净值回撤也能够得到控制。

这种股债大类配置的思路，在李德亮公募期间管理的第一只产品"交银定期支付双息平衡"上有所体现。2013 年，交银的管理层出于对回撤控制的考虑，对这只产品设计了 70% 的股票上限。**李德亮在管理期间，通过对不同时期市场的预测和判断，确定股票、债券及货币市场工具等资产类别间的分配比例，并进行动态调整，以规避或控制市场风险。**最终交银定期支付双息平衡实现了 55.90% 的收益率，在同类产品中排名靠前，并且在市场下跌时期有效控制了回撤。（数据来源：WIND、好买基金研究中心，统计区间：2013 年 9 月 4 日—2015 年 8 月 28 日）

交银内部的人才培养体系不仅对于基本面研究的深度要求较高，还要求研究员在成为基金经理之前能够在行业储备上有较多的拓展。**除了建立系统性的宏观资配框架之外，在交银任职的十年，也让李德亮在多个行业积累了丰富的投研经验。**

"做研究员的最初 5 年，我研究过化工和医药两个行业。化工是典型的周期性行业，而医药则是典型的成长性行业。所以研究过这两个行业之后，就知道怎么去看成长股，也知道怎么去看周期股。"李德亮如此回忆自己入行时的经历。

在李德亮看来，研究和涉猎的行业越广泛，自上而下挑选个股的胜率也会越高。**除了可以通过仓位择时控制好回撤，也能够通过行业配置为组合贡献更多的超额收益。**在市场风格发生切换的年份，也能更加从容自如地应对变化。

比如 2014 年的上涨行情主要来自地产、券商和保险行业，2015 年则来自 TMT、医药等成长行业，因此很多在 2014 年表现亮眼的基金经理，2015 年则可能遭遇逆风期。李德亮则凭借此前在周期以及成长行业的积累，在市场风格切换时能够较快地调整布局，同时捕捉到了这两个年份的机会。

2015 年，对于在 A 股摸爬滚打过十年以上的老将来说，想必都是不能被忘却的一个年份。上半年沪指一路高歌猛进，狂飙至 5000 点之后，又在一夜之间倾泻而下，成为无数股民和基民的噩梦。也正是在这一年的秋天，李德亮选择结束十年的公募旅程，踏上新的征程。

自下而上深度挖掘个股，关注行业景气度变化

在交银的十年，是李德亮飞速成长的十年，也是他潜心研究、用心积淀的十年。2015 年 9 月，站在 35 岁这个职业生涯的关键节点，李德亮毅然选择奔私，创立仁布投资。

投资是一个不断跟踪、不断学习、不断积累的过程。**新的平台对李德亮来说，既有对交银基因的传承，同时也需要更多的创新。**基于在交银培

养的大类资配框架以及广泛的行业覆盖度，李德亮精心打磨仁布的投资体系，融入了更多自己对于基本面研究和选股逻辑的思考。

在行业轮动迅速的 A 股市场中，投资机会常常稍纵即逝。如何在不同的行业间做好比较并捕捉机会？李德亮在交银施罗德期间覆盖的行业非常广泛，既包括化工类的周期性行业，又包括医药类的成长性行业，还包括 TMT 类的科技行业。**多领域的行业研究经验让李德亮在行业比较方面颇具优势。**

从宏观的大类资配逻辑来看，在经济所处的不同阶段，配置的行业偏好也是不一样的。比如在 2022 年美联储加息的周期中，成长股的整体表现不如周期股。具体到行业研究和选股策略，成长和周期的表现更是截然不同。

在李德亮看来，配置成长性的行业，除了要关注公司的 ROE（净资产收益率）和经营质量之外，更应该关注整个行业景气度的边际变化。行业景气度的预期和变化主导了不同阶段行业的细分投资。

选择投资一家成长性公司，最重要的决定因素是什么？**李德亮认为，关注公司质地的同时，更需要关注公司的成长逻辑，跟踪行业景气度的变化，并基于此把握个股的估值。**如果判断公司的盈利预期出现拐点，业绩已经充分释放，或者基本面短期面临着较大压力，则应当灵活地调整个股的仓位，而不是僵化地长期持有。

在李德亮看来，由于 A 股天然具有高波动性，纯粹的长期价值投资会面临两个问题：一是 A 股历史上很多股票会超涨超跌，不少成长股可能在一年之内就兑现了未来两三年的收益，长期持有很可能遇到股价大幅波动但盈利没有兑现的情况；二是国内的政策环境变化很快，当产业政策出现边际变化的时候，如果没有及时规避一些标的，则可能对净值产生致命性的影响，给投资者造成极大的损失。

而周期性行业的投资框架则与成长性行业全然不同。**周期性行业的买点，往往是 ROE 为负的时候，等到 ROE 达到高点的时候，则应该逐步卖出。**寻找周期性行业的卖点的过程中，更应该跟踪阶段性价格变动的方向。如果股价已经滞涨，估值还很便宜，就需要逐步降低周期股的配置权重。

基于多个行业研究的积淀，并通过观察行业中期景气度灵活调整持仓，李德亮多次在市场风格切换的行情中精准地把握了不同行业的投资机会。

以风格两极分化的 2021 年为例，随着年初核心资产以及抱团股的瓦解，很多能力圈聚焦在消费、医药等赛道的基金经理其产品净值经历了巨大回撤。而李德亮则凭借此前在周期板块的积累，第一季度提前在周期行业有所布局，贡献了较多的正收益。此外，李德亮在 2021 年第三季度加仓了光伏、新能源和 TMT，挖掘了这些高景气赛道的细分标的。2021 年，仁布代表产品的业绩表现极为亮眼，全年收益率超过 40%，远远跑赢沪深300 及大部分同类产品。

在做好行业选择的同时，仁布也非常强调对个股的挖掘。首先考察一家公司的成长空间，其次重点评估企业核心管理层。**仁布力求通过行业比较选出能跑赢市场的赛道，而后通过个股深度挖掘，找到行业里表现突出的公司，做好进攻，捕捉超额。**

高胜率的仓位择时体系，市场巨震时期控制回撤

在自下而上跟踪行业景气度、提高个股收益的同时，自上而下的仓位择时体系依然是仁布投资的亮点和核心。

创立仁布以来，李德亮对交银时期建立的宏观、中观研究框架进行了沿革和创新，并通过各类金融工具和衍生品的灵活运用，打造了一套独特的仓位择时体系。**完善的宏观择时框架以及丰富的对冲工具运用经验，使得仁布在市场剧震时期能较好地控制回撤。**

在众多的私募管理人中，做择时的基金并不在少数，但择时失败的案例也不胜枚举。经济和宏观政策瞬息万变，但真正能够准确分析市场环境并及时作出理性决策的管理人并不多。仁布的仓位择时体系具体是如何运作的？面对复杂多变的市场环境，李德亮如何提高每一次择时的胜率？

仁布会重点关注经济增长和市场的流动性环境，因为这两方面分别作用于企业盈利与估值，最终影响股价变化。仁布根据长期跟踪的各项指标，基于投研框架与经验，判断经济增速的变化方向与市场流动性宽紧水平，以此作为仓位择时的依据。

从历史上看，A股市场出现较大跌幅都是由于流动性出现了问题，有时甚至会导致市场阶段性地大幅超跌。因此，在仁布的大类资产配置框架中，流动性分析始终排在第一位，这也是做绝对收益的同时能够控制回撤的重要原因之一。

仁布的代表产品成立于 2018 年 5 月，鉴于当时中美贸易摩擦愈演愈烈，去杠杆带来的流动性收紧导致市场下跌，李德亮在建仓期十分谨慎，

整体仓位一直不高，持仓行业也比较分散，在普遍下跌的市场中将最大回撤控制在 2% 以内，且当年逆市实现了正收益。

与此同时，仁布在对冲工具的运用上也有较丰富的经验。仁布会结合股指期货贴水情况以及全市场行业比较，选择合适的期货品种进行对冲。此外，仁布也会根据市场的波动大小，选择合适的衍生品策略对冲个股或部分仓位的风险。

2020 年新冠肺炎疫情暴发，对市场环境造成了强烈扰动。1月，仁布的仓位维持在较高的水平，李德亮通过对疫情的判断，认为春节后全国确诊案例增多的情况下，市场出现暴跌是大概率事件，他选择将股指期货的仓位加到 60%，只留下 30% 左右的净多头仓位。春节后首个交易日，市场出现暴跌，仁布的净值仅微跌 3% 左右，有效利用对冲工具防范了"黑天鹅"事件带来的风险。

"对于做相对收益的公募基金经理来说，择时带来的常常是负贡献，所以不择时是比较普遍的做法。但既然私募的收费模式不一样，投资者自然会对回撤控制有一定的要求。"**从季度和年度的维度来评估，仁布的择时胜率能够保持在 70%~80%**。控制回撤，追求夏普比率的最大化，这也是仁布最突出的标签。

创立 7 年以来，仁布一直以攻守兼备的姿态，追求收益的同时控好回撤。这也是仁布的最大特色，在宏观仓位择时、中观行业比较、微观个股挖掘等层面打磨完善，不留短板，从而在各类市场环境中灵活应对，在各种风格行情下都有斩获，创造了长期优秀的风险收益性价比。

丰富产品线，打造常青的私募平台

如果做投资可以用三个十年的维度来衡量，李德亮的万里征程已经过半。第一个十年，李德亮在交银施罗德的浴火淬炼中完成了自我塑造。第二个十年，则是李德亮在仁布从 0 到 1 开疆辟土的过程。展望未来十年，李德亮对仁布的发展又有着怎样的规划？

首先，仁布将继续重视投研体系的搭建和完善。仁布的投研团队是全员研究的模式，包括制造业、TMT、周期类、消费、医药等多个小组。仁布会基于对多个行业的跟踪分析，布局性价比最高的领域。比如在 2021 年第一季度看好经济复苏，布局周期性行业，在 2021 年第三季度基于行业景气度增配新能源，等等。

站在中长期行业配置的角度来看，仁布会关注以下两个方向：一是稳住内循环的消费。这是内需稳定的基石，短期降低疫情对消费的干扰、中长期解决好收入分配机制将是内循环的重要保证；**二是从外循环的角度来看，中国高端制造业的优势会逐渐凸显，长期来看新能源、电动车乃至未来的半导体等产业将担此重任。**

其次，仁布会在关键时点严格把控管理规模。由于 2021 年业绩表现亮眼，仁布的规模上升也较快。在李德亮的投资理念中，拉长时间来看，规模一定会成为超额收益的掣肘。要维持超额的水准，重要的是逐步验证每个管理人规模的边界在哪里。**李德亮表示，当规模达到一定量级后，会考虑采取限购的措施，判断规模对产品超额和回撤的影响。**

最后，随着规模的扩大，仁布也会继续探索更加丰富多样的产品线，为客户提供更为多元化的选择。

　　"一个机构未来的平台化，不能过于依赖创始人的状态。从这个层面来讲，如何把平台打造好，建立良好的机制，是至关重要的。"**未来，李德亮希望让内部培养的研究员有机会脱颖而出，让更多优秀的员工参与投资一线，逐步打造基金共管的模式。**

　　身处资管行业蓬勃发展的大时代，李德亮已经做好准备，致力于打造一个坚韧、纯粹、充满新生代活力的私募平台。以攻守兼备的姿态，追求收益的同时控好回撤，不断丰富和完善产品线，持续为投资人创造长久而稳定的超额收益。

仁布投资团队成员

- 仁布投资成立于 2015 年 9 月，中国基金业协会普通会员。

- 公司坚持自上而下的大类资产配置和自下而上的个股选择相结合，通过大类资产配置来指导投资方向和控制回撤，通过个股选择来提高组合锐度，追求绝对收益基础上的相对收益最大化。

- 公司管理规模超 20 亿元，资金来源主要为企业家和超高净值客户。荣获 2021 中国私募基金英华奖——中国私募基金成长奖等奖项。

投资就是不断跟踪、

不断学习的过程

访谈时间：2022 年 11 月

做投资，行业覆盖度越广越有优势

好买： 您毕业后即加入交银施罗德基金，十年时间，从研究员一路成长为基金经理。当时您研究覆盖的行业包括医药、化工、TMT等等，是什么样的契机让您有机会接触这么多的行业？

李德亮： 2006年初从五道口金融学院毕业之后，我就加入了交银施罗德基金。当时整个交银的人才培养体系是从学院派的研究员到助理再到基金经理这样一个发展过程。交银从成立到现在，对于投资研究的深度要求比较高，希望每个研究员尽可能在一两个行业上做足够长时间的研究覆盖，甚至是深度的拓展，这无疑需要很长的时间。

在我们入行的时候，交银内部的人才培养更希望基金经理储备的框架和体系尽量完备。从基金经理培养的角度来看，投资总监希望一个研究员既看过成长性行业，也看过周期性行业。做研究员的最初5年，我研究过化工和医药两个行业。化工是典型的周期性行业，而医药则是典型的成长性行业。所以研究过这两个行业之后，就知道怎么去看成长股，也知道怎么去看周期股。

我刚做基金经理助理的时候，主动投资的权限并不大，处于做基金经理之前的过渡阶段，储备的行业需要进一步拓展。研究过医药行业之后，再去看消费或者成长类的可以用DCF模型（现金流折现估值模型）去估值的行业，相对来说更易于拓展。研究过化工这种典型的周期性行业，再去看钢铁、煤炭、有色等，逻辑体系是比较一致的。那个时候对行业研究的深度要求较高，需要大量的学习和实践。**我做了将近 7 年的研究员和基金经理助理，深入研究了 3~4 个行业后逐步开始管理投资，做基金经理之前需要很长的铺垫和广泛的行业覆盖。**

好买： 行业覆盖的广度对您整个投资体系会产生哪些影响？

李德亮： 经济发展的不同阶段，产业趋势也有很大的不同。美林"投资时钟"是一种非常经典的运用，对于大类资产配置也好，周期研究也好，在某些行业表现好的时候，很容易抓住其中的投资机会。

2012 年之后，新兴产业发生较大变化，市场对于周期和宏观的一些大类资产配置框架有所淡化，成长股的挖掘成为主流的投资框架和模式。2020 年以来，新冠肺炎疫情导致全球的经济周期出现了很大调整，接着又通过流动性投放的方式使得经济复苏，所以在这个阶段又回到了原来大类资产配置的框架体系。

2022 年，很多擅长投资周期性行业的基金经理其业绩表现可能会相对好一些。**我认为覆盖的行业越多，比如周期股和成长股的框架体系都足够完备，越能够保证每年的业绩水准都不会太差。针对某一年表现较好的行业，你可能正好做了一定的配置，正所谓机会总是留给有准备的人。**

好买： 在行业广覆盖的研究过程中有哪些感悟和体会？

李德亮： 首先在我的投资框架中，如果不考虑仓位配置去控制回撤的情况，我认为行业配置层面会贡献更多组合的超额收益。**以过去的框架来看，研究涉猎较多的行业，自下而上挑选个股的胜率更高。**

其次是做私募之后，我们会用股指期货做对冲，以实现阶段性的仓位调整和回撤控制。比如用中证 500 或沪深 300 股指期货去做对冲，这两个指数中各行业的权重是不一样的。若想在各个阶段用股指期货对冲得更为精准，对于很多行业的广覆盖是极其必要的。**各个指数行业权重不一样，阶段性的表现也不一样，产生的对冲效果差别巨大。从组合管理的角度来看，这也是行业覆盖度广所带来的益处之一。**

2015 年转战私募之后，我发现中国市场上很多投资者的资金久期比较短，投资者对基金经理的要求都比较高，很难持有一只基金达 3~5 年的时间。市场上有很多不同风格的基金经理，如果一个基金经理覆盖的行业比较多，比如周期和成长的行业都看过，那他会比较容易适应市场的剧烈变化。但如果一个成长风格的基金经理没有周期股的投研框架，近两年周期风格的行情下，可能整个公司的规模和业绩都会受到很大的影响。

从公募到私募，打磨自上而下的资产配置体系

好买：　2013 年 9 月您开始管理基金，当时的投资思路是什么？这段经历对您投资体系的形成有何影响？

李德亮：　我管理的第一只基金并不是现在市场上常见的股票多头型基金，该基金当时的股票上限是 70%。为什么会推出这么一个产品？当时，整个公募行业在几年时间内没有明显的规模扩张，交银管理层希望设计一种产品，在一定程度上控制回撤，做出差异性。

要管理好这类产品，基金经理要具备较强的股债大类资产配置能力。比如，2008 年债券市场是牛市，股票市场是熊市，可以把股票的仓位降到30%，剩下 70% 的仓位配置债券，在股市下跌时债券可以赚到一定收益，实现对冲。即使遇到较大幅度的指数下跌，产品回撤也可以控制在 5% ~

8%，这已经是股票型产品理想的回撤控制区间了。此类产品设计的初衷是希望控制一部分回撤，在公募平台上是一种类绝对收益的产品。

当时我研究过消费行业，也研究过医药行业，对债券也有一些了解，所以交银第一只类绝对收益的产品，我从 2013 年 9 月管到 2015 年 8 月，也就是我离职的时候。这段时期市场整体处于向上的趋势，当出现阶段性市场波动的时候，我会更多考量一些类绝对收益和控制回撤的因素。从我奔私到现在，仁布的产品已经运行 7 年多，无论专户产品还是多头产品，在整个私募行业产品中，回撤控制相对来说算是比较好的。

较好的回撤控制部分得益于公募时期积累的类绝对收益产品的管理经验。同时，创立仁布之后，**2018 年我们系统性地优化了整个回撤控制的做法，包括通过股指期货对冲和场外衍生产品来优化整个组合，这是一个不断实践的过程。**

好买：您公募时期的代表产品，交银定期支付双息平衡在您管理的两年时间里同类排名第一，您觉得取得如此优异成绩的主要原因是什么？

李德亮：很多研究员可能做了三五年，甚至两三年就转成基金经理，按照学院派公募基金经理的培养方式，时间并不足够。比如覆盖消费行业或者医药行业的研究员转成基金经理之后，针对一个主动管理多头的产品，还是会把 70% 的仓位配置在熟悉的行业上。要做全行业配置的主动管理多头的产品，如果没有足够的研究积累，我觉得存在一定的风险。

最不幸的是，成为基金经理之后，发现自己特别熟悉的行业在那一两年里表现不佳。比如 2019 年和 2020 年，投资医药和消费行业的基金经理表现出色，被公司提拔为管理层。到了 2021 年年初，如果做了两三年消费或者医药行业的基金经理来管理一只产品，也许行业配置会局限在这两个行业，那么从 2021 年年初到现在，可能会给投资者带来至少 40% 的回撤。

如果管理基金的头一年或者两年业绩非常差，这对于一个新任基金经理来说无疑是沉重的打击，此时若没有足够的行业覆盖度，最终可能一蹶不振。**我管理基金之后，整体的业绩表现相对来说比较好，最核心的原因是行业覆盖的积累足够多，在市场的不同阶段，我都有应对的办法。**

举个简单的例子，比如 2014 年的大行情来自地产、券商和保险，2015 年来自偏 TMT、医药之类的成长性行业，而这两年的市场风格又是另一番光景，因此 2014 年业绩表现好的基金经理，2015 年表现可能不好。但行业覆盖比较广泛的基金经理，2014 年会在周期性行业有一定配置， 2015 年又会较快切换至偏成长性的行业，之所以能够自如应对，和之前的行业积累密切相关。

好买： 您在交银施罗德工作的时间比较长，前前后后大概有 10 年。这期间您有哪些印象深刻的事情可以跟我们分享一下？

李德亮： 在交银这个体系内有两点对我来说非常受益。

一是从交银的历史来看，自上而下的宏观和大类资产配置的框架体系非常强大。无论公募还是私募的基金经理，这方面的运用都很优秀。我是在交银成立半年之后，研究生毕业就进入了这家公司，现在的一些自上而下的框架体系都得益于那个时期的一些积累。

二是在公募做基金经理，我感触比较深的是人才培养的框架体系。相较于其他基金管理公司，交银的研究员转投资所需的时间比较长，最终回过头看这并不是坏事。这期间研究员有足够的时间去提升行业的覆盖度，当开始管钱的时候，才能真正对投资者负责。我们看到有些人做了两三年研究员就去做基金经理，其实自身的积累是不够的。

在交银管理公募基金期间，有两只股票我印象非常深刻。

第一只是 2015 年很多人都参与的乐视网。现在看来乐视网最大的问题在于摊子铺得太大，既做电视，又做影视，还做体育和手机。虽然彼此之间有一定相关性，但整体而言属于过度资本运作。可能是时机不对，也可能是不够专注，但是在当时的时间点，该商业模式其实很难被证伪。只有不断衡量产业的变化和公司管理层的能力，才能最终被证明或者被证伪。

投资赛道股很重要的一点，就是在这条赛道上具体挑选哪匹赛马，这要面对持续的变化。也许这个赛道空间很大，但是最初开疆辟土的勇士很可能成为先烈。之所以要非常专注、持续地研究一家公司，是因为有些公司可能在某个时点、某些环节出了问题，就再无机会成为一家伟大的公司了。

第二只是特斯拉。2013 年我曾经带领产业小组全方位地研究特斯拉，虽然有两年时间特斯拉并没有上涨，甚至一度濒临破产，但最终它通过融资挺过来了。如果当时没跨过那个坎，投资就有可能归零，所以投资就是一个不断跟踪、不断学习的过程。

以高胜率的择时框架，打造高性价比的产品

好买： 2015 年 9 月您离开供职十年的交银施罗德基金，奔私创立仁布投资，当时为什么做这样的选择？

李德亮： 基金管理这个行业可能是三个十年的维度，基本上 55 岁以后人的精力就会慢慢衰退，频繁的调研出差和高强度的工作可能会让你感到力不从心。所以对我来说在公募历练十年之后，35 岁左右是比较合适创

业的阶段。但是私募和企业的创业并不相同，其商业模式非常成熟。基金经理能够做好募资，就能形成一个比较好的循环。

在私募，首先要完成从 0 到 1 的开疆辟土，解决生存问题，接着要完成从 1 到 10 的规模扩张，这是第二个十年要解决的问题。第三个十年则要引入更多的投资经理，搭建研究平台。

好买：仁布非常注重自上而下的大类资产配置，能介绍一下股票仓位管理的整体框架吗？

李德亮：首先从大类资产配置来看，仁布常用的一个框架是 DCF 模型。DCF 模型中最核心的两个可以量化的变量是盈利增长和估值，估值又与流动性相关，无论海外市场还是国内市场，都是看这两个层面。

回顾 A 股市场，什么时候盈利因素导致整个市场大幅下跌？就是 2008 年下半年，在北京奥运会之后，全球金融危机爆发，大盘从 3500 点跌到 1664 点。虽然整体流动性已经没有问题，但是全球金融危机导致盈利端暴跌，从 A 股市场的表现来看，这个阶段是盈利驱动导致的比较大的跌幅。

从历史上看，A 股市场出现较大跌幅都是由于流动性出现了问题。比如 2008 年的金融危机、2018 年去杠杆时期，都是流动性收紧导致的下跌。所以**在我们的宏观和大类资产配置框架中，流动性分析始终排在第一位，这也是做绝对收益的同时控制回撤的重要原因之一。**

在公募期间，我们研究宏观和大类资产配置，更多是为行业配置做指导，因为总体来说不会做很大的择时。而私募需要控制回撤，如果缺失宏观和大类资产配置方面的研究，当遇到一轮很大的市场调整，也就是通常所说的熊市，想要靠行业配置和个股选择在高仓位的情况下控制回撤，胜率较低。仓位控制在大的熊市中可能更为重要。我在六七年的私募实践中，以投资组合控制回撤，其中非常重要的一点是需要主观上的方法论加以支撑。

其次，我们会合理地运用一些工具，包括股指期货和一些衍生品。比如，当管理规模较小的时候，可以不使用股指期货，可以通过加减仓的方式实现仓位的向下调整。而当管理规模较大时，做减仓动作的时候冲击成本非常高，甚至发生判断错误的时候，修正成本也非常高。此时如果通过股指期货的方式去做仓位上的一些调整，效果会好很多，也不会遇到规模扩大之后的限制。这是这些年我们在做绝对收益管理的过程中，主观和工具运用上的一些经验和心得。

好买：2018 年的中美贸易摩擦和 2020 年的新冠肺炎疫情，其实都是周期之外一些极难预判的"黑天鹅"事件，仁布在这些时期很好地控制了回撤，而且市场反弹时也能把握住机会，这是如何做到的？

李德亮："黑天鹅"这种因素很难预判，如果把这些都纳入投资框架的考虑范围，投资就没法做了。**"黑天鹅"并不可怕，重要的是当"黑天鹅"事件发生的时候，采取什么样的预案来应对**。

比如 2020 年 1 月，武汉爆发新冠肺炎疫情，当时我们的仓位处于较高水平，差不多是 90%。春节前的最后一周我们评估认为，新冠病毒的传播性非常强，春运马上就要开始，全国很多地方都可能出现疫情。但是我们并不知道这个疫情的严重程度，因为根据仅有的一些公开报道，无法判断。

当时我们做了一个情景分析，假设它是一个大型的流感，即使在全国范围扩散也不会产生很大影响，那么这就不是一个需要担心的问题。但是如果这个疫情很严重，那么春节之后在全国确诊病例增多的情况下，市场一定会暴跌。如果发生这种情况，我们就需要去保护组合的回撤，所以当时我们加了 60% 的套期保值，达到了有史以来的最高值。我清楚地记得，2020 年 2 月 3 日，A 股所有指数都近乎跌停，而那天我们的净值损失相对较小，因为净仓位只有 30%，仁布的产品只跌了 3%。

如果当时我们选择降低股票仓位，从 90% 的仓位降到 30% 以控制回撤，这是判断正确的情况下实现的较好效果。但是万一这时候发现判断错误，要把 30% 的仓位重新加回 90%，此时的冲击成本就会比较高，规模越大冲击成本越高。假设武汉的新冠肺炎疫情没那么严重，可以通过股指期货的方式把空头平掉，自然仓位又回到 90%，这是我们应对"黑天鹅"事件的一个重要做法。

面对"黑天鹅"事件，最重要的是尽快做出评估，仓位高的时候要不要防守？仓位低的时候要不要加仓？**核心在于评估此"黑天鹅"事件的影响程度有多大，并且需要尽快制订预案。很多时候我们都面临着不确定性。**在"黑天鹅"事件出现拐点之前，我觉得在整个仓位上做一些防守，相对来说是比较好的应对方式，这是能够控制回撤的重要方法。

好买：许多投资者以及私募管理人都觉得择时的难度很大，而且成功率要足够高才能有效，您如何看待这个问题？

李德亮：如果是公募基金的管理人，我觉得这种表达方式没有问题。我在公募期间做宏观和大类资产的配置，当时我也不会去择时。2015 年之前公募并非不择时，但最终大家会觉得公募基金经理追涨杀跌。公募基金经理有相对收益的排名，我们内部做过基金经理业绩的归因分析，发现所有的择时最终都是负贡献，还不如不择时。而 2015 年之后，公募基金经理基本上不会在仓位上做特别大的表达。

做相对收益的公募基金经理，如果觉得市场没有什么机会，在表达上可能会比较谨慎，但是其仓位依然比较高，也就是我们经常说的看空不做空。而对于私募管理人，如果不做择时，那私募的竞争力体现在哪儿？

既然收费模式不一样，投资者对私募的要求也会更多一些，就是控制回撤，当然这个很难。对于择时最终每个人的胜率都不一样，假设通过主观的大类资产配置的方法论体系，包括工具的运用，我们的胜率只有五成，那就没什么必要去控制回撤。从年度和季度的维度评估，我们在择时和回撤控制上有 70% ~ 80% 的胜率，这是我们比较核心的竞争力。

总之，做私募一定是追求两个维度的效果，要么回撤控制得比较好，要么收益率上有很大的加强。尽可能把每个维度都做得更好，才能在这个市场上有竞争力。宏观经济和大类资产配置研究，与对整个经济金融运行的理解程度密切相关。我的专业是金融，可能这方面更为擅长一些，这与读书期间的积累以及公募期间的公司投资风格有很大关系。

统筹短期和长期，做好成长股投资

好买：在行业选择方面，仁布的框架是怎样的？投研会覆盖哪些行业？如何在这些行业间做比较，捕捉机会？

李德亮：经常有人问我这样的问题：应该选什么样的公司？选公司时你看重的是什么？我一般不太回答，不同的行业看重的点完全不一样。比如医药行业最核心的是研发线，消费品行业更重要的是营销渠道，很难概括选股时更看重什么。

成长股我最看重两点，第一是 ROE 要高。ROE 涉及很多因素，一家公司的 ROE 高是因为品牌因素还是成本控制因素，这都需要深入研究。第二是经营现金流和净利润的比值。这两个指标一个代表公司经营获利的能力，一个代表公司经营获利的质量，这两方面都需要严格考察。

与成长性行业不一样，周期性行业 ROE 高的时候，该卖就要逐步卖出，因为盈利的高点随后一定会下来，又回到盈利的低点，然后再上去。周期性行业的买点往往是 ROE 为负的时候。周期与成长的框架是不一样的，这两个行业的配置要根据经济周期而定。正如美林"投资时钟"所描述的，在经济发展的不同阶段，配置行业的偏好也不一样。比如就 2022 年的大环境而言，整个加息周期过程中，无论美股还是 A 股，成长性行业的整体表现不如传统的顺周期行业，这是从行业配置来看宏观的大类资产配置的逻辑。

假设我们计划在某个阶段配置成长性行业，那么到底要挑选哪些成长性行业？**第一，我们最看重的是整个行业的景气度和边际变化**。行业景气度如果维持在一个比较高的水平，就能够保证其估值不往下掉。如果中期行业景气度的预期不理想，它就会杀估值，当下盈利再好也没用。**第二，景气度边际变化的预期也是很重要的考察指标**。对于成长性行业来说，高景气度维持的时间长度和景气度的变化对于行业配置来说非常重要。景气度的高低决定了具体的行业到底配哪个环节，哪个环节短期的景气度更高一些。比如同样配新能源，配电动车还是配光伏风电，还是配电动车的上、中、下游环节，差别非常大。最终都是景气度的预期和变化在主导不同阶段的行业细分。

无论是基金公司的投资经理还是研究员，研究重点应该是跟踪行业景气度的变化。我特别不喜欢"buy and hold"一家公司的做法，A 股历史上纯粹的"buy and hold"模式存在两个问题。第一，很多公司不适合"buy and hold"，因为大部分成长股是周期性成长股，成长是毫无疑问的，但是盈利的波动也是比较大的。在这种情况下，依然采取长期拿三年的宏大逻辑，那投资未免也太简单了，可能股价坐了一趟过山车但最终颗粒无收。第二，短期的边际变化累积到一定程度会引起质变。可能连续两个季度发生一些边际变化，就会对你的长期逻辑产生较大的影响，甚至是致命性的影响。如果在这种阶段没有规避此类标的，净值下跌 30% ~ 40% 都是有可能的。

所有基金经理和研究员的工作都是小心假设、谨慎求证的过程，需要不断地跟踪基本面和产业变化来证实或者证伪最初的决策。

好买： 从选股的角度来说有没有相对统一的框架？成长性和周期性行业您可能都会投，对于估值的安全边际有什么样的考量？

李德亮： 成长股和周期股的框架体系是不一样的，比如成长股，主要是看 ROE 和经营质量，每个行业 ROE 衍生的背后，比如企业的权益乘数、期间费用率、毛利率等等都是不一样的。

周期性行业的投资相对更为艺术，行业高点的时候，其市盈率都很便宜。但是在寻找卖点的过程中，根据市盈率来判断比较困难，更应该跟踪阶段性价格变动的方向。如果股价已经滞涨，估值还很便宜，那么就需要降低周期股的配置权重。另外要密切跟踪供需的变化，即使供需维持紧缩的状态，也可以持有后面这部分的头寸，但不要继续提高这部分的仓位，因为之前赚的钱后面高位加仓有可能亏回去。

好买： 您刚才说不认同"buy and hold"这种操作，对于 A 股来说，是不是大部分的公司都不适合这样的操作？您对于持有个股的时间维度如

基金经理和研究员的工作都是

小心假设、谨慎求证的过程

何考量？

李德亮： 在某一个时间点，你会觉得这个公司可以持有 2 ~ 3 年，但有两点会打破"buy and hold"这种想法。第一是 A 股历史上很多股票会超涨超跌，当下觉得未来两三年景气度很高，但是半年或一年的时间就在股价上表现殆尽。这种情况下如果盈利最终没有兑现，并且基金经理对中间的某些变化不敏感，最终可能只是坐了一趟过山车，并没有赚到钱。

回过头看，我认为能够"buy and hold"十年的公司只有茅台，但是茅台在 2012 年的时候也跌了 40%，所以这里面存在一个后视镜的问题。比如港股的一些互联网公司，**当产业的政策环境发生变化的时候，你依然信心满满地坚定持有，则会对基金的净值和投资者造成巨大的损失。**

我们发现国内的政策也是非常重要的研究层面。我们的组合中有的股票已经持有两年，但是该公司的基本面可能面临很大的阶段性压力，这个时候我们一定会减仓，等过了压力阶段再买回来，不会一旦买入就一直拿着不动。否则在做绝对收益的时候，当某些行业配置权重较高时，回撤会非常不可控。

好买： 2021 年有些私募的表现不是非常好，但仁布的业绩非常亮眼，跑赢沪深 300 近 50%，您觉得仁布哪些方面做对了，或者是做得非常好？

李德亮： 2021 年，仁布大部分产品都是 35% ~ 40% 的收益率，这主要得益于两个板块的贡献。第一个是周期板块。2021 年是一个周期大年，2019 年和 2020 年业绩比较好的基金经理主要深耕消费和医药板块，但如果继续拿到 2021 年，业绩就会比较差。2021 年对仁布来说，周期的框架终于能够派上用场。疫情之后全球开始步入预期的加息周期，在这个阶段纯周期股的表现会好一些，而成长股的压力则比较大。

　　2021 年，"双碳"政策的出台导致很多行业的供给出现了问题，甚至 9 月很多省份开始拉闸限电，能耗过高暂停生产，导致供需进一步紧张，因此 2021 年成为周期性行业的大年。我们整个团队有周期方面的能力，一季度大部分管理人净值下跌的时候，我们也有 10 个点左右的收益。

　　第二个是新能源板块。第三季度我们增配了光伏、新能源和 TMT，抓到了细分行业的大部分标的。整个大行业里面细分行业的配置调整做得也比较好，总的来讲，较好的业绩主要得益于行业配置。

李德亮投资金句
QUOTATION

❶　"黑天鹅"并不可怕，重要的是当"黑天鹅"事件发生的时候，采取什么样的预案来应对。

❷　基金经理广泛涉猎多个行业，这对其自下而上选股的胜率很有益处。

❸　投资赛道股很重要的一点，就是在这条赛道上具体挑选哪匹赛马，这要面对持续的变化。

❹　投资是一个不断跟踪、不断学习、不断积累的过程。

❺　对于成长性行业，如果中期行业景气度的预期不理想，它就会杀估值，当下盈利再好也没用。

❻　所有基金经理和研究员的工作都是小心假设、谨慎求证的过程。

❼　一个公司的成长空间很大，但短期基本面可能面临很大压力，这个时候要考虑减仓，不要死守着不动。

自创立以来，启明创投投中了大量的优秀企业，而自己也成长为创投领域的头部机构。

启明创投不仅是一个擅长投资的集体，更是一家日臻强大的企业。邝子平不仅是一位优秀的投手，更是一位经验丰富的管理者。

作为启明创投的掌门人，邝子平要调动和凝聚创投领域的顶尖投手，要应对经济发展赋予的机遇以及时代变迁带来的挑战。

启明创投　邝子平

与优秀的企业家同行，
无论惊涛骇浪

邝子平

启明创投　创始主管合伙人、投资委员会成员

- 拥有 30 多年企业管理和投资经验，1999 年开始从事风险投资。入选 2020 年、2021 年、2022 年及 2023 年福布斯全球最佳创投人榜。

- 主要关注信息科技、人工智能、自动化设备、区块链等领域的投资。目前担任中华股权投资协会理事长、中国证券投资基金业协会风险投资委员会委员。

- 创办启明创投前，曾是英特尔投资部中国区总监，主导英特尔在中国的战略投资业务。加入英特尔前，在思科中国任职 5 年，担任过多个高级管理职位。

- 邝子平先生生于中国广州，留学于美国。拥有美国加州大学旧金山分校计算机科学学士学位，美国斯坦福大学计算机科学硕士学位，以及美国加利福尼亚大学伯克利分校 MBA 学位。

拜访启明创投是在一个星期五的上午，天有些阴，从启明创投会客室的落地窗望出去，陆家嘴的高楼耸立入云，显得沉稳而宁静。

启明创投办公区的人并不多，这是创投机构的常态，投资人都在全国各地奔走。每个星期一，启明创投的投资人们会返回办公室开会，而后又开始新一周的奔波。星期五往往是公司最安静的时候，因此我们的访谈也被安排在了这一天。访谈结束后，创始主管合伙人邝子平还要赶赴新加坡，那是启明创投 2022 年度美元基金年会的举办地，这也是创投人的工作常态。

启明创投，是中国顶尖的创投机构之一。创投机构通过投资创新及创业企业，获取股权，和被投企业共同成长，进而分享企业股权价值的增量。**创投人的首要任务之一，就是判断一家创业公司能否成长壮大。**

多数人往往会忽视一个问题，创投机构本身也是一家企业，它的成长壮大又是由什么因素决定的呢？

我们遇到过很多优秀的投资人，评估创业者时眼光独到，投出了许多明星项目，然而当他们自己成为创业者，建立自己的创投企业时，往往没那么成功。也许品鉴佳肴的美食家，和制作佳肴的厨师，天生就是不同的职业物种。

然而，在启明创投我们看到的不仅是一个擅长投资的集体，更是一家日臻强大的企业。**同样的，邝子平不仅是一位优秀的投手，更是一位经验丰富的管理者。**

一家企业掌门人的责任，如台积电创始人张忠谋所言，就是调动公司的一切资源，去迎接外部的机会与挑战。

作为一家创投机构的掌门人，邝子平要调动和凝聚的是创投领域的顶尖投手，要应对的则是时代赋予的机遇以及时代变迁的挑战。

这两件事都不容易，启明创投自 2006 年成立以来，走过了 17 个年头，投资了 530 多家企业，实现了逾 30% 的年化 IRR（内部收益率），人员团队与管理规模一步步上升。

17 年间，启明创投投中了大量优秀的企业，而自己也成长为创投领域的头部机构。

启明创投的创立：发现中国，投资中国

邝子平是工程师出身，在美国斯坦福大学获得了计算机科学硕士学位，在美国加利福尼亚大学伯克利分校取得了 MBA 学位。毕业后，邝子平在硅谷做了 10 年的技术开发和技术管理工作。

1994 年，因供职的思科拓展中国业务，邝子平回国，接手中国区的企业管理与市场拓展工作。

1999 年，邝子平已在世界 500 强的科技企业任职 15 年之久，一路由工程师成长为高层管理者，下一步怎么走，邝子平有两个选择。

一是创立自己的科技企业，复制自己过往的经验，孵化一家新的公司。二是做创投，用自己的经验浇灌其他创业企业，帮助一批创业公司更好地发展。

犹豫之际，英特尔为邝子平打开了第二条路的大门。邝子平抓住这个机会，加入英特尔投资部，主导英特尔在中国的战略投资业务。

2000 年前后，正是国际资本发现中国市场的时候。中国经济焕发出强劲活力，创新机会不断涌现，海外创投机构开始关注中国机遇。无论是英

特尔这样的大型跨国企业，还是软银这样的国际创投机构，都开始设立专注于中国创投机会的中国分支。

2005 年，邝子平迎来了职业生涯的另一个转折点。这一年，英特尔的全球峰会首次在中国召开，邝子平负责峰会事宜。会上，邝子平遇到了思科的前同事 Gary Rieschel。

和邝子平一样，Gary 离开思科后也开始从事投资工作。邝子平加入了英特尔投资部，而 Gary 加入了软银。这次重逢，让两人萌生了一些新的构思。

2005 年时，中国的创投企业以海外机构为主，土生土长的中国创投机构非常少，而中国的创新机遇正大量涌现。邝子平在英特尔投资部积累了大量的中国本土投资经验，Gary 在软银积累了丰富的海外 LP（有限合伙人）资源，为什么不将两人的资源整合起来，创立一家中国本土的创投机构呢？

2006 年，基于这样的设想，邝子平和 Gary 创建了启明创投。

启明创投的迭代：发现变化，投资变化

创立之初，启明创投的设想是聚焦 TMT（科技、媒体和通信）领域，发挥团队在技术、经验层面的优势，做专而精的投资。

几乎同一时期，启明创投开始发现中国市场更多领域的机遇，包括医疗健康领域的需求爆发与技术进步，以及消费领域新业态、新模式的形成。

2006—2008 年，启明创投在创立初期不断摸索；2008—2018 年，启

明创投则开始放开手脚，有序地扩张、迭代和发展。这段时期启明创投将专业的团队进行细分，将 TMT 团队拆分为科技、消费、互联网三个方向，同时在一些新的领域做尝试。医疗健康团队也逐步拓展，关注新药、器械、诊断、服务、数字医疗等领域的投资机会，启明创投的团队分工与投研力量的分配逐步定型。

具体的投资策略方面，针对科技导向的项目，启明创投围绕核心技术与创始团队，看懂了、有信心就会投早、投小，在企业成长的早期阶段介入，敢于投资，敢于成为第一大机构股东。针对消费导向的项目，启明创投更注重消费体验，根据消费者反馈和市场数据进行投资。

不同的行业有不同的底层逻辑，启明创投也有不同的关注点和投资考量。**启明创投基于深入的跟踪研究以及对风向的先知先觉，在有把握时，敢于早出手、先出手，并在企业成长过程中，陪伴、跟进，判断是要持续投资还是作出调整。**

凭借这一套打法以及十余年的经验积累，启明创投渐渐在 TMT、医疗健康等领域形成了自己的企业生态圈。

所谓企业生态圈，指的是产业链上的核心企业凭借其强大的影响力，在它的辐射半径内，上下游不断孕育出新的、有活力的优秀企业，这些企业形成了一个共生、共存、共荣的生态系统。

如果创投机构能围绕核心企业建立相应的生态圈，就意味着能够更加快速地发现并介入整条产业链上的新机会。多数创投机构都希望在前沿领域建立这样的企业生态圈，然而并不容易。这意味着创投机构要在核心企业成立初期即成为重要股东，并且一路陪伴企业成长，陪伴它成长为产业链的中流砥柱，陪伴它在上下游发挥辐射效应，陪伴它形成特有的生态体系。这既需要创投机构挖掘出这样的核心企业，也需要创投机构能在该企业最早、最小的时候介入，更需要创投机构十数年的悉心陪伴，与核心企业建立足够深的关系，在产业链上积累足够多的资源。**启明创投恰恰满足了这些条件，在聚焦的领域形成了多个生态圈。**

启明创投于 2010 年在 A 轮即投资的小米集团，2008 年作为最早且唯一的机构股东投资的泰格医药，后来均成为各自领域具有辐射效应的核心企业。

2008—2018 年，是启明创投策略迭代、成熟的十年，也是启明创投团队扩充、成长的十年。十年间，启明创投以独到的眼光、无畏的勇气"投早、投小"，以企业最早的机构股东或企业上市前第一大机构股东的身份，挖掘出一批又一批 TMT、医疗健康领域的核心企业，并在陪伴这些企业成长的过程中，在核心企业的辐射圈内，发现上下游更多、更早、更小的有潜力的公司，逐渐形成了启明创投特有的企业生态圈。

创投机构识别的是时代风向，面对的是时代变迁，创投机构本身不可能一成不变。**正如邝子平所言："启明创投就像一艘航行的船，有稳步向前的时期，也有主动调整的阶段。"**而 2018 年之后，启明创投又有了新的思考和调整。

启明创投的未来：与充满激情和干劲的企业家同行，无论惊涛骇浪

2018 年是个分水岭，一方面，消费互联网行业的整体规模趋于庞大，行业格局趋于稳定；另一方面，国内硬科技自主创新、自主可控的趋势越

发显现。启明创投也在洞悉变化，作出相应的调整。

一般创投机构会将互联网领域的项目分成两类，一类是 To B，即创业公司主要服务的是企业客户；另一类是 To C，即创业公司主要服务的是个人客户。2018 年，启明创投将分开运作的 To B 和 To C 两个团队合并在一起，同时增加了科技领域的人员配置。团队调整之后，启明创投的策略也大幅更新了。医疗健康仍然是启明创投重点关注的领域，而 TMT 方向则转变为独特的 T&C（technology and consumer，科技及消费）架构。

启明创投的调整，相当于将 TMT 领域的投资重心由移动互联网领域向硬科技领域转移。该调整是基于邝子平对未来中国创新机会的一些底层判断：用户流量型平台企业短期内难以再现；市场环境变化及全球供应链重组之下，中国创业者正拥抱新的全球化；能在开放的创新环境中竞争的中国企业，具备更长期的投资价值。

站在当下时点看，启明创投的这次调整又是及时而准确的。

一家创立于中国的创投机构，走过十余年的路程，从最初的探索，到成长，再走向成熟，穿越多轮创新周期和产业周期，在不同的时代旋律下作出相应的调整，逐步确立中国创投领域的头部地位，这是一件不容易的事，也是一项瞩目的成就，而启明创投做到了。

我们也不停地追问启明创投成功的原因。答案其实并不复杂，启明创投的合伙人机制让团队中每个人利益均等，每个人的声音都能被听到。在启明创投这个舞台上，创投界的顶尖投手们能与优秀的同侪做有意义的事。**为了集体能够健康地发展，大家会一同审视市场的状况以及未来的挑战，进而判断前进的方向，以企业的生命力为最高准则，果断、勇敢地进行迭代，从而走得更远。**

　　然而，看似简单的答案背后，每一件事都不简单。21世纪初，邝子平和Gary有资源、有勇气在中国创立一家创投机构；创业之初的摸索期，启明创投不断走出舒适圈，拥抱更多元的机会；2008—2018年，启明创投在早期挖掘到TMT、医疗健康领域的核心企业，并一步步建立企业生态圈；2018年以后，启明创投敢于对过往成功的策略框架进行迭代，加大硬科技的布局……启明创投走过的每一步，都克服了各种困难和阻力，都十分不简单。

　　启明创投未来要走的道路，也是如此，充满困难险阻，充满不确定性。当我们问及启明创投如何应对未来的挑战时，邝子平没有直接作答，而是讲了一件事：

　　"2022年新冠肺炎疫情期间，大家都很焦虑。但一些创业企业努力克服困难，创业者为了自己所热爱的事业奋力拼搏，企业员工的士气也大受鼓舞，大家凝聚成一股力量，把握每分每秒，特殊时期反而成了这些企业最有发展机会也最具魅力的一个阶段。未来我相信也是如此，会有挑战和困难，但同时一些领域或许将迎来千载难逢的机会，在中国这么大的经济体里，这样的机会肯定非常之多。"

　　也许这才是启明创投过往为何能成功的答案，也是启明创投未来如何应对挑战的策略，汇聚成一句话：

　　"在变化的世界中，更需要关注自身的姿态和行动，不管风吹雨打、惊涛骇浪，都要找到最优的机会，找到那些充满激情与干劲的企业家，一同克服各种艰辛。只要机会一直有，我们就会一直找下去。"

启明创投
QIMING VENTURE PARTNERS

- 启明创投成立于 2006 年，先后在上海、北京、苏州、香港、西雅图、波士顿和旧金山湾区设立办公室。

- 目前，启明创投旗下管理 11 只美元基金、 7 只人民币基金，已募管理资产总额达到 95 亿美元。成立至今，专注于投资科技及消费、医疗健康等行业早期和成长期的优秀企业。

- 截至目前，启明创投已投资超过 530 家高速成长的创新企业，其中 200 余家分别在纽交所、纳斯达克、香港交易所、上交所及深交所等交易所上市或以兼并收购的形式实现退出，有 70 多家企业成为行业公认的独角兽和超级独角兽企业。启明创投投资的企业中，很多已经成长为各自领域最具影响力的公司。

不管风吹雨打、惊涛骇浪，

我们都要找到最优的机会

从技术到投资，从英特尔投资部到启明创投

好买：从过往从业经历来看，您是工程师背景，后来又成为 500 强企业的高管，是什么原因促使您选择了风险投资这条道路？

邝子平：研究生毕业之后我在硅谷做了 10 年的技术开发和技术管理工作，后来思科扩展中国业务时我回到中国，从技术工作转为市场工作。在 500 强跨国企业工作 15 年之后，我开始思考更长远的未来，当时觉得自己有两个选择：一是创业，去把控一家企业的未来和成长，按照自己的理想去做一些事情；二是投资，通过这条路，把过去积累的一些经验运用在不同企业的发展上。

1999 年底，当我还在这两个选择之间徘徊时，英特尔投资部向我伸出了橄榄枝。所以 1999 年我离开了思科，去负责英特尔投资部在中国的投资业务。如今 20 多年过去了，回头看，当时这个选择是正确的。

好买：您在 2006 年选择离开英特尔投资部，创立启明创投，当时为什么做这个决定？为什么想自己创立一家 VC 机构呢？

邝子平：很多契机的出现，促使我创立启明创投。在大企业做投资和自己创立或加盟一家专业的 VC、PE 机构，从一开始就是两件完全不同的事情。英特尔投资部是一个巨大的平台，有很多资源，也有很多能让我发挥的机会。但 2005 年陆续发生的几件事让我萌生了一些关于投资的新想法。

2005 年之前，中国活跃的 VC、PE 机构基本都是跨国机构的驻华分支，包括英特尔投资部、软银等等，而土生土长的本土 VC 机构几乎没有。 2005 年，中国 VC 市场迅速发展，市场前景也很光明，全世界越来越关注中国市场的机会。国际上的一些大机构开始真正把中国市场作为单一的品类来看，而不再是新兴市场中的一个小品类。

同样在 2005 年，英特尔投资部的全球峰会第一次在中国召开，我作为中国区的负责人，接待了来自全球的投资机构、投资人，这次峰会对我有很大启发。这次峰会上，我遇到了思科时期的前同事 Gary，当年我离开思科加入了英特尔投资部，他离开思科加入了软银。

当时我们交换了许多关于创投的想法。我们都认为，想要做好投资，第一，必须要有懂投资的人才；第二，市场必须要有前景，而且投资者要足够了解市场；第三，需要有专业的 LP，也就是投资人资源，这很关键。交流之后，我们发现，Gary 在美国有丰富的 LP 资源，而我对中国市场足够了解，同时我俩在 VC 投研方面也有许多经验，于是决定一同创立启明创投。

好买：启明创投的合伙人团队共事超过十年，且分别在各自的领域表现出色，启明创投如何建立这样的信任和彼此间的协同？

邝子平：创投这个行业会吸纳各行各业的精英，这些精英面对的机会很多，之所以选择在一个平台上长期共事，那肯定是平台在某些方面有过人之处。

最重要的就是，这个平台必须是一群精英的集合，和聪明的人共同做一件伟大的事，这是许多人最渴望的一种状态。当然，并非环境和谐就能留住大家，也并非激烈内斗才能前进，启明创投主张在进取的大环境下，创建包容的文化、畅通的机制，大家相互尊重，各尽所能。

启明创投不是个人的，而是大家的。即使是掌舵的位置，也永远留给有能力的人。在启明创投，每个人都有着更大的空间和更多的机会，因此大家都愿意留在启明创投，彼此协同、相互信任。

成为优秀的投资者，更要成为优秀的创投企业

好买： 2006 年至今，您觉得启明创投的发展可以分为几个阶段？每个阶段有哪些明显的迭代和进步？

邝子平： 启明创投正式成立于 2006 年 2 月，到现在已走过了 16 年，我把这 16 年划分成三个阶段。

第一阶段很短，只有三年左右，可以称之为探索期。和其他初创企业一样，从零开始，我们凭借过往积累的经验和对未来的一些想法，根据一份初始的商业计划书，建立了初始的启明创投。虽然现实和计划往往有偏差，困难也会比想象的多，但是从第一期基金到第二期基金，我们始终怀抱初心，不断摸索，组建更好的团队，打下坚实的基础。在第一阶段，我们成功地让启明创投从 0 走向 1。

第二阶段历时 10 年左右，从 2008 年到 2018 年，这一阶段属于发展期。股权投资行业变化非常快。随着市场和环境的变化，启明创投最初的优势领域和策略定位都会面临新的变数，如何根据既定的策略做符合市场的调整，如何找到新的定位和打法，这非常重要。在这 10 年左右的发展期，启明创投通过人员的增加、行业的试错，不断挖掘自身的特性，逐步调整最终不断壮大。

　　从最初的第一期基金开始，启明创投就专注于 TMT 行业，关注中国科技发展的未来。随着消费、医疗健康领域的快速发展，启明创投开展了一系列与时俱进的研究。在这个过程中，细分了专业的团队，增加了医疗健康团队，并将 TMT 拆分为科技、消费、互联网三个方向，单独进行研究，同时也尝试了一些新的领域，这十年是启明创投逐渐定型的过程。

　　第三阶段是 2018 年至今，可以说是成熟期。2018 年，启明创投的整体方向已经明确，医疗领域占据了整个投资版图的一大部分。随着中国消费互联网的迅猛发展，从互联网到移动互联网，启明创投在消费领域投入了大量资源。但随着消费互联网整体规模趋于庞大，启明创投逐渐有了新的思考和调整。

　　我们把分开运作的 To B（面向企业客户的商业模式）和 To C（面向个人客户的商业模式）两个团队重新合并在一起，同时大大增加科技领域的人员配比，大幅度缩减移动互联网领域的人员配比。调整过后形成了全新的策略，引领启明创投继续向前。医疗健康依旧是启明创投布局较多的版块，TMT 方向也有了自身独特的 T&C 架构，科技为主，消费为辅，但整体仍然是重点关注的一个领域。

　　启明创投就像一艘航行的船，有稳步向前的时期，也有主动调整的阶段。站在今天往回看，很庆幸五年前做了这样的一个大调整，我们因此能够不断地跨越市场、穿越周期。未来我们还会沿着这个策略继续走，同时也可能会在未来的某个时间再次灵活迭代，就这样一步一步地一直走下去。

　　好买：VC 风向几经变迁，启明创投总是能前瞻性地抓住机遇，您在把握风向上有哪些秘诀？在升级策略时，从移动互联网到医疗健康，再到硬科技等不同细分领域，启明创投如何形成自己的阵地和核心能力圈？

邝子平：　我觉得想要做到前瞻性，很关键的因素是人。在创投行业，市场因素固然很重要，但如果要做一些前瞻性的判断，关键还是要看团队人员，尤其是管理层是否具有先于市场的判断能力以及时刻进取的心态。

在启明创投的人才配置上，我们强调专业背景、注重国际化的同时，也要求对中国市场有较深的了解和认知。启明创投聚焦两大方向——T&C和医疗健康，其中半导体、医疗器械、新药研发等领域都需要紧跟国际发展潮流和技术演变。

同时，我们在文化上主张包容，让不同的声音都有机会表达。内部也有交流机制，每个人都可以畅所欲言，发表自己的见解，这样团队才能够始终走在认知的前沿。我们也会始终保持一种紧迫感，在变化的市场中不断寻找新的方向。以上几个因素，我觉得是这十几年帮助启明创投形成核心能力的关键。

好买：十余年来，启明创投如何长期保持有竞争力的业绩？在众多的VC机构中，您觉得启明创投在哪些方面有独特优势？

邝子平：　这些年启明创投能够在不同的大环境下不断优化、不断进步，我认为这与启明创投本身的一些特性分不开。

第一，我们一直把启明创投当成一家企业去管理。创投行业天天都要接触各类企业，在行业内，创投机构对企业家的要求或许远远高于对自身的要求。行业内的很多人员或机构更多是将创投作为一个理想或是小众的兴趣，以此来驱动向前。而启明创投选择把自己当作一家企业，以企业的眼光和要求来发展自己。

第二，启明创投有自己的生命力以及长期坚实的企业文化。企业文化不是创始人的兴趣爱好，而是一种力量的凝聚，哪怕创始人中途离场，企业也能持续地、有凝聚力地走下去。企业自身的生命力必须不以人为中心，而是通过长年累月的积累，在一些领域发光发热，持续胜出，最终创造更大的价值。

第三，作为一家企业，启明创投从创立的第一天开始就设定了合伙人机制。在启明创投的投资决策中，从来不会只听一个人的声音，团队的利益是均等的，决策权也是均等的，因此我们不会犯大的错误，不会因为一个人的头脑发热而全力押注单一赛道。正是由于有这样的一个机制，启明创投才敢于去迭代，也善于去迭代。为了企业能够健康地发展，大家会一同审视市场的状况以及未来的挑战，进而判断前进的方向。启明创投并不会受某个管理者的短期影响，而是永远以企业的生命力为最高准则，果断、勇敢地进行迭代，从而走得更远。

看得懂，投得早，围绕核心企业建立生态圈

好买： 启明创投选择聚焦科技及消费、医疗健康这两大领域，并且围绕核心企业建立生态圈，在整条产业链上最大限度地捕捉机会。您能详细介绍一下启明创投的这一套打法吗？

邝子平： 经过十几年的积累，启明创投形成了一些特有的企业生态圈。这也是创投行业的一个趋势，机构经过时间的积累开始在一条产业链上形成优势。要建立这种优势，首先，必须要投得早，要和产业链上的核心企业一同成长，建立起共同战斗的友谊。其次，在企业的成长过程中，创投机构要有资深的投资人员亲自管理并跟进与这家企业的关系，给予企

业家和管理者有价值的帮助。我也会经常与企业家沟通交流，和企业建立起一种相互支持、共赴未来的关系。最后，这家企业成长壮大后，在产业链上要能产生辐射效应。

综合以上三点，符合投得早、有资深同事陪伴成长，且能够产生辐射效应的企业，才能为我们创造一个生态圈。例如早年我们所投的泰格医药，作为其上市前唯一一家机构股东，我们很多资深同事都关注着企业成长，并且和泰格医药建立起了深厚的友谊，甚至启明创投成功退出多年以后，大家仍然是非常好的朋友。所以我们能够通过泰格医药的辐射效应，在医疗行业瞄准另一批优质企业，多年下来产业链上我们投的其他标的也发展得很好。

再如平台型企业小米，对启明创投生态圈的建立也至关重要。在小米生态圈形成的过程中，启明创投是最早介入并深入研究的投资机构，找到并挑选了几家非常优秀的企业。在这些优秀的企业里，我们也关注到一些他们所看好的新项目，于是在持续的沟通交流与跟进中不断派生出新的投资机会，启明创投的企业生态圈就这样随着时间推移逐步建立并扩大。

好买： 对于许多明星项目，启明创投的布局往往都领先于行业。投早、投小意味着更大的风险，并且也需要更多保驾护航的工作，启明创投为什么敢于冒这个风险？

邝子平： 这些年我们大部分项目投得都很早，一些项目我们希望做第一个机构投资人，但这也并非绝对。

对于消费类的企业我们会相对谨慎。启明创投关注的领域中，采取 ToC 商业模式的企业能否成功，与消费者的口味、喜好等有着非常大的关系，因此"实践是检验真理的唯一标准"，这类投资并不是 PPT 能够说清楚的。即使创业者过往有很成功的经验和项目，也并不代表其新产品一定会受到市场欢迎，会被新一代的目标人群接受。用户的口味经常在变，所以对于这一类投资，我们往往会结合市场的反馈决定是否介入，在投资的轮次上也会更为谨慎。

而对于某些项目，我们在早期就有较多的把握。比如新药研发、医疗器械，以及科技领域的半导体、人工智能、平台开发等，这些科技已在实验室被验证，都有明确的技术轨迹。我们需要关注的是这些领域中技术的积累、创始团队的经验和能力、该领域的发展前景，以及相关产品下游厂家的情况。此外，团队充足的背景知识和丰富的经验，也使得我们在这些领域有足够的能力去做预判，有足够的自信在特别早期就下重注。对于这些领域的种子轮投资，我们非常有底气去做。

第一轮投资仅仅是个开始，后续还需要多轮次的投资，而启明创投的实力和规模给了我们勇气，在市场不是那么火热的时候，我们也能把握住有潜力的企业，坚定地做优秀项目的领投方。总结来看，**我们有底气在特别早期就投资企业，第一是因为看懂了，第二是因为有实力。**

好买：随着启明创投的发展，管理规模也逐渐扩大，您如何看待规模和业绩的关系？如何确保企业在扩张的过程中保持投资实力和业绩竞争力？

邝子平：我觉得基金规模与业绩肯定有一定的关系，同时与一家机构的发展时间和团队规模更是强相关。在启明创投，我们要管理多大规模的基金，首先取决于内部到底有多少人参与基金管理，对此我们还是很有信心。我们的医疗健康和科技团队都非常稳定，并且通过这些年的发展和积累，越来越多的同事都慢慢成长起来，从人力上讲，启明创投完全可以胜任当前的管理规模。

近几年，启明创投募资规模的扩大还基于对市场状况的考虑。整体来说，我们对于当前投资周期的判断是，融资环境可能不会特别好，因此我们也希望能募集更多的资金，让投资企业的发展有长期保障，保持充足的"弹药"，避免碰到断档的情况。我觉得未来的投资环境既有挑战，也有机会。挑战在于行业周期充满了变化和不确定，而机会在于随着市场的优胜劣汰，股权投资的玩家少了很多，在后续的几年时间里，启明创投可能会是少数几家继续稳定向前的机构之一，因此未来的机会将越来越多。

好买：可以看出您对未来非常有信心，不仅对启明创投有信心，对于股权投资市场的机会也非常有信心。

邝子平：是的。第一，启明创投有充足的"弹药"，以应对未来充满机会和挑战的市场。第二，启明创投整个管理团队始终保持进取的心态，一定会非常认真地挖掘市场上新的投资机会。中国是一个巨大的经济体，宏观环境的变化会让这个经济体不断涌现新的机会，而启明创投也有信心让优秀的同事在这个平台上用好资金，管理好基金。

好买：再优秀的项目与创业者，都会面临各种不确定性。启明创投如何管控投资风险？

邝子平：关于风控，我们会从几个维度去思考。

基金投资最需要把控的是系统性风险。提到风控，很多人第一时间想到的是项目端的风控。项目端的风控固然重要，但我觉得想要在不同的经济、政策环境下平稳发展，基业长青，更重要的是股权投资机构对系统性风险进行把控，比如收益回报来源的均衡与相对稳定，就是风控的一个重要方面。

在决策机制方面，启明创投不存在"一言堂"，没有哪个人能够凭一己之力将启明创投这条船往一个方向拉。从机构的角度来说，我们会规避过于单一方向的风险。尤其在国际形势、经济环境都存在诸多不确定性的时候，倾听各方的声音，做好相互的提醒，这些都有助于我们规避致命的错误。

项目风控有一个关键问题，就是人性，这不是依靠风控机制就能解决的。项目的风险往往来自负责这个项目的投资经理，如何让投资经理不是以完成这个项目为出发点，而是以做好这个项目为出发点，这就需要我们在文化价值观、奖励机制上做相应的建设。在具体项目的风控上，投委会也需要发挥作用。把握投资的审核标准，以应对不确定性。

围绕投资中国创新的八大逻辑，做好调整与应对

好买：启明创投在医疗健康领域有着较大的投资占比，但我们看到2022年以来投资者对医疗健康行业较为悲观，二级市场相关企业的估值也有回调。您如何看待这样的环境变化？

邝子平：首先我们对估值肯定是更在意了。由于一、二级市场估值变化往往存在时间差，对于企业来说，可能还是按照之前更高的二级市场估值确定对于未来估值的期待。在这种情况下，我们还是会坚持从现实情况出发，对于一些估值过高的项目，即便再优秀还是会忍痛放弃。

其次我们也认为，**估值的回调有些是周期性的，而有些是结构性的**。以医疗板块在二级市场的估值下跌为例，启明创投不会刻意压低一级市场企业的估值，而是会理性区分市场的变化，确定哪些是周期性的变化，哪些

是结构性的变化。受国家集采因素影响，医药企业的集体下跌属于结构性的回调，而恐慌过后，医疗器械领域会快速地回暖，那么相关器械企业的估值波动就属于周期性的，周期触底后，这类企业的估值还是会慢慢修复。

好买： 在市场的变化中，启明创投对医疗健康领域的布局会有哪些调整？

邝子平： 如果原本看好的投资方向出现了重大变化，我们会做一些根本性的改变和调整。例如医药器械行业，过去国内的市场足够大，居民对医疗的需求、对生命质量的追求都在不断提升，我们非常关注国内的市场。而当下，启明创投更关注企业如何利用中国的研发和临床优势，在国际市场打造全球领先的产品，这是之前业内较少关注的一个方向。所以相应的在投资的方向上，我们会基于新的环境做新的调整。

同时我们也看到一个很有趣的现象。当医疗行业走向国际的时候，科技行业则恰好相反，投资的逻辑也从过去的国际竞争力不强、可投性不高，变为如今的国内自主生产，许多方向又值得关注了。可见，宏观大环境的变化切实影响了不同行业的投资逻辑，我们必须做出相应的调整。

好买： 启明创投在中美都有投资布局，和美国企业相比，中国企业在哪些领域走出了不一样的创新路径？

邝子平： 客观来讲，我觉得中国 To C 领域的发展可能是创意最大、最强烈的，也是真正影响世界的一个领域。从我入行以来，中国的 To C 领域经过 10 年左右的追赶，已经走向了世界。在过去的这些年里，中国的移动互联网行业非常有创意，也非常有竞争力，做出了世界一流的产品，给了我们很多启发。

　　而在科技领域，中国与全球的同行相比，在原创性和触达市场方面，其实还有一段路要走。所以在这个方面我觉得更多的是追赶，其中也有少数出类拔萃的企业能够领先。无论是新药研发、医疗器械，还是半导体、软件等领域，大致都是如此。当然也有些领域与全球的同行相比，中国更为先进，但有些技术很难走向市场，比如说人工智能领域，其中有多方面的影响因素。

　　好买： 关于投资中国创新的八个新底层逻辑，都非常精炼深刻，您是如何得出这八个结论的？

　　邝子平： 我一直深入接触各类投资机会。在与企业家的长期沟通中，倾听他们的焦虑，感受他们的悲喜。例如，过去几年流动性泛滥，形成了一些商业模式，而未来情况可能会有一些根本性的改变，这不是中国的改变，而是全球的改变。有一些商业模式和业态即便是未来可行的方向，但缺少了流动性的支持，缺少了足够的前端资金投入，可能就不会有后续的成功演变。这也是我总结的八个新底层逻辑之一，即用户流量型平台企业短期内难以再现。

　　当我们观察一棵树，它现在所呈现的样子是过去成长的结果，我们自然地认为未来它还将复制之前的成长轨迹。如果我们有能力去观察整片森林及其成长环境，考虑问题的出发点以及看待未来的眼光都会不一样。保障树木健康成长的阳光和雨露如果消失了，无论是这棵树还是这片森林，都很难和以前一样成长了。对于企业的考察也是同样的道理，如果只看某个企业的成长路径，很难觉察宏观大环境的变化。

　　我们在投资的时候，不仅对项目本身有一个判断，同时也对整个投资逻辑做好梳理。基于对宏观环境的判断，结合创业者的感受和想法，最终形成了这八个新底层逻辑。

好买：与过去 5 年相比，未来 5 年启明评判创业项目的底层逻辑哪些不会改变？哪些会有很大改变？

邝子平：在投资评估中，我们始终坚持几个原则。第一，尊重科学。尤其对于以自然科学为基础的项目，必须尊重科学。在我从业这些年里，碰到过不少伪科学的项目，对于此类项目我们会非常谨慎地去识别。第二，尊重市场。一个项目或者一家企业能否成功，最终取决于是否符合市场需求。第三，尊重企业家精神。对企业家精神、企业家个人能力的评判标准不会改变。

未来启明创投的底层投资逻辑是否会改变？我认为，未来 5 年内再现大型平台企业的可能性越来越小，这是一个中性的判断。未来我们的目标是发现某些领域中最优秀的企业，即使这些企业无法成为大平台，只要它的人才配备和资源调度是该领域内最优秀的。我觉得未来会有很多这样的机会，而如何把握住这些机会，则是另一个逻辑的变化。例如半导体行业，我们会关注最精尖的方向，同时也要考虑国际环境的变化。

好买：大家对于逆全球化、大国博弈、地缘政治等问题忧心忡忡，VC 投资环境是否也在出现一些巨大的、不可逆的变化？您如何看待这个问题？

邝子平：中国是一个巨大的经济体，有很多不同的领域和不同的机会。2022 年新冠肺炎疫情期间，大家都很焦虑。但一些创业企业努力克服困难，创业者为了自己所热爱的事业奋力拼搏，企业员工的士气也大受鼓舞，大家凝聚成一股力量，把握每分每秒，特殊时期反而成了这些企业最有发展机会也最具魅力的一个阶段。未来我相信也是如此，会有挑战和困难，但同时一些领域或将迎来千载难逢的机会，在中国这么大的经济体里，这样的机会肯定非常之多。

在变化的世界中，更需要关注自身的姿态和行动。面对未来众多的不确定因素，一些机构也许会选择"不折腾"。但启明创投不会"躺平"，会继续往前走，我希望 20 年后启明创投仍然是业内顶尖的创投机构，40 年、60 年、100 年以后仍然如此。所以不管风吹雨打、惊涛骇浪，我们都要找到最优的机会，找到那些充满激情与干劲的企业家，一同克服各种艰辛。只要机会一直有，我们就会一直找下去。

邝子平投资中国创新的八个新底层逻辑：

逻辑一：中国新经济正在走出与美国不同的创新路径。

逻辑二：能在开放的创新环境中竞争的中国企业，具备更长期的投资价值。

逻辑三：人口结构变化中，科技原住民比重越来越大，带来持续的创新红利。

逻辑四：新一代的创业者群体具有更强的技术创新能力。

逻辑五：市场环境变化及全球供应链重组，中国创业者拥抱新全球化。

逻辑六：用户流量型平台企业短期内难以再现。

逻辑七：共同富裕时代，企业家在市场配置领域继续承担创富的使命。

逻辑八：ESG（环境、社会、公司治理）已经是全球创业及创新者的通用语言。

只要机会一直有

我们就会一直找下去

秉承 ESG 理念，打造百年老店

好买：您说要将启明创投打造成百年老店，具体而言这个愿景会如何落地？成为一家百年老店，您觉得最大的挑战是什么？

邝子平：启明创投是一家在中国成立的机构，植根于中国，未来能否常青取决于中国的投资机遇和发展空间。虽然我们在美国设立了分支机构，同时也看到了东南亚未来的一些新机会，但启明创投的长期规划还是以中国为主，同时持续挖掘全球的机遇。启明创投在 2018 年左右的那次调整之后，稳步前行，未来我们会坚守大方向，按照既定的目标向前，当然过程中也会根据国内、国际形势做调整。

再过 8 年、10 年，启明创投会不会又有一个大的转变？我觉得有可能。如何让启明创投现有的同事找到自己的投资感觉，越做越好，同时不断吸引新同事的加入，这些都是我们要关注和完善的地方。启明创投近三年逐步增加了投后方面的人员。随着规模的扩大，所投企业的持续增加，启明创投也在建立一个更大、更完备的投后服务体系，以保证在不确定的市场中给予企业方方面面的帮助，在企业赋能上做得更好。

好买：您提到 ESG 是全球创业及创新者的通用语言，在公益方面，启明创投设立了中国乡村振兴创业者支持计划这样的标杆项目，能否谈谈设立这个项目的初衷？

邝子平：一直以来，启明创投都心系公益。除了我本人以外，公司很多同事都会利用自己的专长和资源去做很多回馈社会的事情。随着启明创投的发展壮大，作为一家投资机构，我们也希望在公益上贡献集体的力量。我们擅长做投资，因此希望能够利用自身的特长帮扶乡村创业者成长。

在国家乡村振兴、共同富裕的重大发展战略下，我们致力于培训、赋能乡村产业创业者和社会事业创业者。我们希望帮助一些有能力有潜力的地区，带动当地的一些项目；也希望帮助立志投身乡村振兴的创业者，解决他们创业资金的问题。虽然以公益为出发点，但是评判创业企业时，我们还是用 VC 的思路和眼光去分析，对其未来赋能，但同时也有高要求。我们相信，只有这样的方式才能帮助项目走得更长远。

好买： 在您看来，如何才能把 ESG 的理念融入投资和团队文化中？

邝子平： 启明创投一直是 ESG 投资的积极践行者，一直倡导做一个有社会责任感的投资机构。ESG 中的 E，包括碳中和和环境保护，启明创投的投资领域集中于新经济、互联网、技术、新药研发等，总体不是高碳排放的行业。在社会责任方面，启明创投的投资方向与国家的大政方针相吻合，更关注投资企业的合规、治理。

启明创投相信，只有将 ESG 理念自然地融入每位员工的日常生活，才能更好地将这一理念渗透进投资"募投管退"的各个环节中。启明创投开展了员工公益计划，每年给每位同事额外两天的"公益假"，他们可以利用这个时间去参加自认为最有意义的公益活动。未来，员工公益计划将作为启明创投 ESG 实践的延续，用实际行动推动可持续的社会价值创新。

邝子平投资金句
QUOTATION

❶　创投平台是各行各业精英的集合，和聪明的人共同做一件伟大的事，这是许多人最渴望的一种状态。

❷　在创投行业，若想成功把握市场风向，关键要看管理层是否具有先于市场的判断能力以及时刻进取的心态。

❸　企业的文化不是创始人的兴趣爱好，而是一种力量的凝聚，哪怕创始人中途离场，企业也能持续地、有凝聚力地走下去。

❹　投中有辐射效应的企业、介入得早、有资深同事陪伴企业成长，同时满足这三点才能使一家创投机构通过时间的积累，开始在一条产业链上形成优势。

❺　一个项目或者一家企业能否成功，最终取决于是否符合市场需求。

❻　未来会有挑战和困难，但同时一些领域或将迎来千载难逢的机会，在中国这么大的经济体里，这样的机会肯定非常之多。

❼　不管风吹雨打、惊涛骇浪，我们都要找到最优的机会，找到那些充满激情与干劲的企业家，一同克服各种艰辛。

隐山资本是普洛斯旗下的私募股权投资平台。普洛斯则是专注于供应链、大数据及新能源领域的产业服务与投资公司，致力于投资对未来至关重要的基础设施及产业生态。

基于普洛斯自身资源和认知的不断积累，伴随着中国物流供应链领域越来越多的产业机遇，隐山资本在这样的条件下诞生了，并且以极快的速度发展，交出了优秀的成绩单。

隐山资本　东方浩

聚焦新经济，协同全球资源，实现长期共赢

东方浩

普洛斯　　中国区首席战略官
隐山资本　董事长及管理合伙人

- 负责普洛斯中国整体的战略、物流领域投资及搭建生态链等新兴领域的投资与合作布局。

- 于 2006 年加入普洛斯，曾任普洛斯中国区高级副总裁、中国区首席投资官，主管战略投资及日本客户管理。在加入普洛斯之前，曾就职于日本大分银行，负责证券投资，之后在野村综合研究所负责企业战略咨询。

- 拥有十多年的丰富投资经验。1993 年，获得武汉大学国际法学士学位。1997 年，获得日本大分大学经济学硕士学位。

"日星隐曜，山岳潜形。"此句出于范仲淹的千古名文《岳阳楼记》，描绘了洞庭湖阴雨连绵，太阳和星星隐藏起光辉，山岳隐没了形体的景象。隐山资本的名称正是来源于此。

隐山资本成立于 2018 年，作为一家私募股权投资机构，隐山很年轻。无论与在互联网浪潮中崛起的中国第一代 PE 或 VC 相比，还是与在移动互联网浪潮中崛起的第二代 PE 或 VC 相比，隐山的曝光度都不高。

然而，**隐山成立以来的业绩以及在机构投资者中的知名度，则是业内顶尖。**截至 2022 年末，隐山 2018 年成立的第一期基金中，已有 3 家企业上市，多家企业已在 IPO 申请阶段，业绩斐然。

隐山第一期基金的 LP（有限合伙人，即出资人）就涵盖了多家知名险资，得到了国内最主流机构资金的一致认可。

普洛斯，深耕产业，布局全球领先的另类资产投资生态

隐山资本是普洛斯旗下的私募股权投资平台。普洛斯则是专注于供应链、大数据及新能源领域新型基础设施的产业服务与投资公司，投资对未来至关重要的基础设施及产业生态，在高速成长的亚洲市场一直以来引领行业，在美国、巴西和欧洲也取得了一系列的成功和规模化的发展，其资产管理规模达 1250 亿美元。（数据截至 2022 年 12 月 31 日）

2009 年，普洛斯创建物流基础设施开发和运营机构。**以长期主义聚焦高成长的新经济，普洛斯在不断拓展物流及供应链基础设施领域的同时，先后进入大数据及新能源等对全球发展至关重要的新型基础设施领域。**此外，普洛斯还率先投资于技术和创新，不断升级科技及服务能力，打造领

日星隐曜

山岳潜形

先的产业服务生态体系。通过股权投资、金融科技及创新孵化，普洛斯引领智慧化前沿，不断提高资产运营效率，提升资产价值。

深耕产业，布局全球，普洛斯的业务已遍及亚洲、欧洲及美洲 17 个国家和地区。普洛斯资本业务发展跨越不同地区，提供多元化的投资产品，投资业绩斐然，并实现了迅速的增长，目前已成为亚洲最大的不动产基金管理机构，在全球位列第四。

在中国，普洛斯在 70 个地区市场，投资开发和管理运营着 450 多处物流仓储、制造及研发、数据中心以及新能源基础设施。在物流基础设施领域，普洛斯是行业龙头。普洛斯也是中国领先的独立数据中心运营商之一，完成了在京津冀、长三角、大湾区及中西部等骨干节点核心区域的布局，数据中心 IT 负载能力超过 1.4 吉瓦。在新能源领域，普洛斯加速发展，投资及合作的项目中，光伏及风电发电能力已经超过 3 吉瓦。

专注于供应链、大数据及新能源三大领域，结合投资与运营优势，普洛斯已建立全球领先的另类资产投资生态。 采用多元化投资策略，聚焦于不动产和私募股权投资，普洛斯资本与全球 170 多家领先投资机构合作，建立起了广泛、深厚的合作伙伴关系，为不同地区、不同类型的投资人提供各种投资策略，穿越周期，不断取得优秀的业绩回报。在公募基金市场，普洛斯日本不动产投资信托基金（普洛斯 J-REIT）于 2012 年上市，已成为日本最大的物流基础设施 J-REITs 之一；2021 年，普洛斯 REIT 在上海证券交易所上市交易，成为中国首批公募基础设施 REITs 之一。

隐山资本，顺应时代，把握先机

隐山资本于 2018 年设立，东方浩先生为董事长及管理合伙人。此外，他还是普洛斯中国区的首席战略官，负责普洛斯中国整体的战略、物流领域投资及搭建生态链等新兴领域的投资与合作布局。

东方浩先生获得日本大分大学经济学硕士学位，毕业后先后就职于日本大分银行与野村综合研究所。野村综合研究所作为日本最大的咨询机构，为中国、日本以及中南亚各个地区的企业发展制定战略规划。

2000 年前后，以中国为代表的亚洲市场开始吸引全世界投资者的目光。彼时在日本工作的东方浩先生经常到中国出差，切身感受到了中国的发展速度与商业机会。尤其是东方浩先生关注的物流供应链领域，作为经济体系的血脉，中国的物流供应链正迎来一个数十年高速发展的阶段。

彼时正值普洛斯在中国规划物流基础设施的投资版图。基于时代机遇和企业战略的融合，东方浩先生选择加入普洛斯，与普洛斯共同参与中国物流行业的建设。

2018 年，普洛斯设立隐山资本，东方浩先生成为隐山资本的董事长及管理合伙人，并将自己的大部分精力投入隐山资本的发展，开辟普洛斯的股权投资市场。

发展隐山资本这个私募股权投资分支的原因，一是普洛斯在中国物流产业深耕十余年，无论是行业资源的积累，还是团队认知的积淀，都足以保证普洛斯可以涉足股权投资领域，在业内发掘、赋能具有潜力的企业；二是中国物流产业正进入一个全新的发展阶段，在中国电商与快递体系崛起并成熟后，未来这个庞大体系的升级迭代，规模与效率的提升，都将催生许多新的机遇。

基于普洛斯自身资源和认知的不断积累，伴随着中国物流供应链领域越来越多的产业机遇，隐山资本在这样的条件下诞生了，并且以极快的速度发展，交出了优秀的成绩单。

三大策略，赋能创新，创造价值

隐山资本的投资策略主要分为三大类。

第一类是帮助大型物流集团做好分拆整合，释放新的动能，创造新的价值。

无论是空运、海运，还是铁路、公路，国内的大型物流集团讲求规模效应，拥有强大的资源优势。隐山资本可以凭借普洛斯的资源与优势，参与这些大型物流集团的整合与变革，协助这些集团分拆整合、改革增效、并购重组。

比如吉利新能源商用车集团旗下品牌远程汽车的分拆就得益于隐山资本的深度参与。远程汽车建立了中国最大的新能源商用车研究院，专注于全品系商用车新能源和智能化技术开发。隐山资本基于远程面向的新能源商用车城配物流和冷链应用场景，在客户开发、城配场景下的车辆销售和租赁、冷链车推广及新业务模式探索等方面对远程进行全方位赋能。

隐山资本的第二类策略是聚焦食品、服装、跨境电商、先进制造等重点领域的数字化和智能化供应链。

纺织服装的市场巨大，但是产业链极其分散，亟待整合；食品行业则面对刚性需求和消费升级，存在巨大机遇，尤其是生产流通效率提升中的新渠道、新品类、新品牌的机会；而跨境电商领域则是在国内国外双循环背景下，中国供应链出海，跨境电商从铺货模式向新模式升级涌现的机会。

普洛斯与隐山资本具有丰富的行业资源，能够很好地抓住服装、食品、跨境电商、先进制造等领域供应链的数智化机遇，帮助打造更智能、更快捷、更有效的数智化供应链平台，与被投企业协同发展。

比如纵腾集团就是隐山资本投资的全球跨境电商基础设施服务商。在中国供应链出海、跨境电商高速发展的背景下，纵腾集团为商户提供海外仓储、专线物流、商品分销、供应链服务等一体化的物流解决方案，运营效率和收入规模均稳步提升。而普洛斯则依托自身的物流圈生态资源，协助纵腾集团打造其航空货运枢纽，并通过隐山平台进行股权投资。

隐山资本的第三类策略是赋能具有高成长性的物流供应链科技企业。

一些物流供应链领域的科技企业可能有很强的技术、很新颖的构思、很优秀的商业模式或是充满干劲的创始团队。但是此类中小企业、新企业即便亮点再多，想发展壮大，仍然需要大量的市场资源去拓展业务，需要大量的市场反馈去优化迭代。

而市场资源和行业数据恰恰是普洛斯及隐山资本可以提供给这些科技企业，赋能其成长的资源。普洛斯及隐山已经同合作伙伴建立起中国智能物流的分销和服务渠道，能够直接协助被投企业进入其目标市场。普洛斯及隐山建立的物流产业生态圈也可以为 AIoT（智能物联网）、智能机器人、新能源等领域的科技企业提供规模化、多元化的应用场景。

比如全球领先的柔性智能分拣解决方案供应商——立镖机器人。快递包裹的分拣和拣选需要大量的人力，随着物流市场规模的扩大，相关劳动成本持续提升。而立镖自主研发的物流机器人相比人工模式，可以更加高效地完成包裹分拣和拣选。而且立镖的机器人产品标准化、模块化，具有很强的成本优势。

隐山投资立镖后，将立镖机器人首先应用于普洛斯在国内外的物流园区，并协助立镖打开国内市场，进入海外市场。与此同时，隐山推动立镖与物流领域其他被投企业展开业务合作，推动立镖提升仓配能力及运营能力。在普洛斯与隐山的赋能下，立镖快速切入市场，赢得国内外多行业领先企业的认可，收入快速增长。

隐山的三类策略，大型物流集团的分拆整合，食品、服装、跨境电商、先进制造等行业数智化供应链，高成长物流科技企业的赋能，都是依托普洛斯独特的物流产业生态圈优势，或让大型物流集团释放新动能，或让重点领域供应链数智化出现新动量，或让有潜力的物流科技企业爆发新活力。**而隐山作为普洛斯的股权投资平台，衔接了企业方与普洛斯的资源生态圈，并借助资本赋能，推动物流企业快速发展的同时，也为投资者创造价值。**

隐山资本

HIDDEN HILL CAPITAL

- 隐山资本是普洛斯旗下的私募股权投资机构，成立于 2018 年，专注于成长阶段企业的私募股权投资，聚焦中国和亚洲的现代物流服务、数智供应链、新能源及物流科技等领域。隐山资本旗下人民币基金与美元基金的资产管理规模超过 36 亿美元。

- 察于未萌，洞悉产业趋势与发展机遇。隐山资本自成立起，已向 80 多家企业投出 18 亿美元，包括极兔速递、纵腾集团、G7 物联、主线科技、立镖机器人、东航物流、望家欢、欧冶云商等业内知名企业。

做任何事，一要看到行业的大趋势，

二要回答"为什么成功的是我们"

访谈时间：2022 年 12 月

察于未萌，顺势而为

好买： 您本人的经历非常丰富，在加入普洛斯之前，曾就职于日本大分银行，负责证券投资，之后在野村综合研究所负责企业战略咨询。随后选择进入普洛斯负责新业务及战略投资，再到现在执掌隐山。职业发展的跨度非常大，您在每一个阶段如何做出对应的选择？

东方浩： 第一个阶段的经历是我们那代人普遍的选择。在国内大学毕业以后，很多人会选择出国留学，希望能够学到更多的东西，在当地能够有更多的工作经历，去熟悉现代化的职场和先进的理念。

在日本研究生毕业以后进入银行，那是我的第一份工作，主要负责债券的组合投资和外汇交易。也正是这次工作经历让我学会了如何从宏观层面去理解金融市场的发展和演变逻辑。

2000年左右，以中国为代表的亚洲市场慢慢成为世界经济增长的中心。在第一份工作之后，我加入了野村综合研究所，负责整个亚洲地区企业的发展战略，重点关注中国的机会。

通过这次的经历，我了解了一个跨国企业是如何考虑新兴市场的发展机会，再将新兴市场的发展机会与全球经济进行融合。当时我们主要帮助日本的制造企业、零售企业将业务拓展到中国。

好买： 在职业生涯初期，您接触了最先进的一些金融理念，也为一些优秀的企业提供咨询服务，是什么契机促使您回到国内，加入了普洛斯呢？

东方浩：当时在日本，我经常会到国内出差。2002 年以后，我切身地感受到了中国的快速发展。我希望离发展的机会更近，这是想回国发展的一个主要原因。

在日本，有一家非常优秀的企业 7-ELEVEN（7-11）。虽然是一家便利店企业，但其实是以零售为基础，贯穿了电子商务、金融服务等业务，是一个社区商业的基础设施型企业。我通过服务这家企业，受益良多，意识到整个物流供应链正在科技发展的赋能下迎来一个长期发展的机会，这个发展有可能会持续三四十年。当时普洛斯进入中国的时间不长，又刚好布局物流基础设施的投资，为我捕捉这个物流行业的大机会提供了条件。

好买：从普洛斯到隐山，您关注的领域可能更加聚焦，相比在普洛斯负责的一些业务，隐山更加专注于投资。2018 年您为什么决定执掌隐山的股权投资业务呢？

东方浩：大家对普洛斯可能有一些误解，其实**普洛斯本身就是一个另类资产管理平台，首先集中精力开发物流基础设施，然后以此为底层资产形成物流不动产基金。**

在普洛斯，我们看到了物流供应链技术未来三四十年的发展机会。第一波机会体现在 B2C 领域，最显著的是互联网企业，特别是电商平台。电子商务相关的信息技术逐渐成熟，诞生了美国的亚马逊、日本的乐天、中国的阿里和京东等一系列电子商务企业。它们实际上是把原来依靠自身利润积累或者并购方式实现缓慢扩张的传统连锁模式，用一种效率非常高的方式形成了 B2C 的商业服务网络体系。网络体系对物流供应链提出了升级的需求，无论是规模还是产品提供的效率，都需要升级。

同时由于电子商务的发展，为了满足消费者和企业端的需求，网络型物流快速发展，诞生了顺丰、"三通一达"等网络型物流服务企业，整个 B2C 物流供应链完成了产业升级，在过去 10~20 年里诞生了非常多的优秀上市企业。

普洛斯顺应中国物流供应链的第一波升级而发展起来。物流供应链的升级过程离不开物流基础设施强有力的支持，在大部分人还没有看到电子商务的巨大影响时，我们集中精力，深耕物流不动产业务，同时打通资源，通过物流不动产开发基金引入海内外投资人的资本支持。

正如隐山资本经常强调的八个字——察于未萌，顺势而为，普洛斯在物流供应链的第一波行业升级中，敏锐地识别并把握行业机会，顺应趋势迅速发展，成为物流基础设施行业的领先者。

在电子商务带动物流基础设施升级的过程中，中国走在了世界的前列，且对比发展轨迹来看，中国是发展最快的国家，其次是日本、美国，再次是欧洲、南美，最后是印度及其他东南亚新兴市场。

普洛斯在中国电子商务快速发展中形成的对物流基础设施的管理经验，以及得益于基金的形式，可以迅速推广到全球进行复制。普洛斯最初的资产管理规模仅为 10 多亿美元，而如今普洛斯资本 GCP 的全球资产管理规模达到 1250 亿美元。

我担任普洛斯中国首席投资官期间，负责物流不动产的投资，同时也会从产业的角度去考虑普洛斯不同的产品，包括基金产品。

2016 年，电子商务已实现组织化，中国物流行业的发展进入新阶段。中国是一个制造业大国，B2B 领域的市场规模远远大于 B2C，物流行业在 B2B 领域将迎来更大的发展机会。

　　做任何事，一要看到行业的大趋势，二要回答"为什么成功的是我们"。普洛斯在前十几年物流行业的发展过程中形成了大量行业洞察，积累了丰富的行业资源，团队的认知也到了比较完备的阶段，所以我们觉得做股权投资的时机越来越成熟了。

　　2018 年，普洛斯设立了隐山资本，我不再担任普洛斯中国的首席投资官，而是做首席战略官，将主要精力放在隐山资本，把握 B2B 物流供应链升级中的股权投资机会。

优势互补，团队协同

　　好买： 2006 年您就加入了普洛斯，见证了普洛斯一路的发展，您觉得普洛斯最大的优势是什么？又是如何一步一步发展至如今的规模？

　　东方浩： 一方面，得益于中国经济的快速发展，物流供应链产业的不断升级，使我们有机会作为配套的基础设施快速发展。另一方面，物流供应链上服务于国民经济的各行各业，也可以作为数字化、智能化、新能源化的科技应用场景，物流产业是一个不断有产出，能够形成良性循环的行业。

　　要抓住一个国家层面或者行业层面的大机遇，还需要依靠一家公司的价值观、文化和团队精神。普洛斯秉承创新创业的文化，一群有企业家精神的职业经理人在管理公司的过程中不停地去思考，去形成行业的认知，去把这些认知变为现实。

　　好买： 2018 年普洛斯设立了私募股权投资机构隐山资本，并由您出任董事长及管理合伙人，隐山资本的定位是什么？和普洛斯的投资布局有哪些重合的地方？会共用哪些资源？

东方浩：　物流供应链是隐山和普洛斯都聚焦的重点领域，我们预计有三四十年维度的产业升级的大机会。

就隐山资本的整体策略而言，首先是 B2C 基础设施建好以后整个 B2B 物流供应链的产业升级，这将是一个几万亿体量的大机会。其次，物流供应链也是一个服务型产业，是和大家的衣食住行、制造业的跨境发展等各个领域密切相关的服务型基础设施行业，它能渗透到各个行业的发展中。最后，生产效率的提升越来越依赖科技的发展，物流供应链行业里有大量降本增效、节能减排的需求，这使得数字化、智能化、新能源化的应用能够实现重要的商业闭环。

总之，**隐山聚焦的领域包括物流供应链的科技化、智能化、新能源化等等，而普洛斯的主业则是物流基础设施，可以理解为重资产的投资**。隐山和普洛斯两者实际上有非常多的产业协同。两者符合整个产业发展的基本逻辑，普洛斯的基础设施能够帮助隐山所投资的企业更好地发展。好的企业如果能够有好的基础设施，那它的资产运作效率会有明显提升。

与此同时，就普洛斯整个体系而言，它能够更多地去发掘行业里面的投资机会。在投后赋能方面，普洛斯也能为隐山提供丰富的生态资源。无论是股权项目退出还是项目风险应对，普洛斯都能为隐山提供强大的支持。

好买：　普洛斯与隐山之间有很强的协同性，隐山能够依托的产业资源非常丰富。但如何在产业集团的诉求与基金的诉求之间找到平衡点并不是一件容易的事情。比如普洛斯如何在不同的部门之间进行资源配置？普洛斯如何平衡与协调对隐山的资源分配？

东方浩：　普洛斯本身是一个聚焦新基建的产业服务和另类资产管理平台，拥有物流基础设施相关产品以及股权类的产品，**不存在为了多元化而多元化**。平台的资源配置最终是为了更好地发掘项目，更好地赋能项目，更好地应对风险，更好地为投资人创造价值，这是每个产品的终极目标。

好买：　在资源配置方面，隐山的一大特色是投后赋能非常强大。或者说隐山对被投企业的帮助是许多股权机构无法企及的。您如何看待隐山这方面的优势？

东方浩：　隐山和普洛斯的核心管理层都已在行业中积累了相当丰富的经验和认知，对普洛斯的发展非常了解。普洛斯各个版图都是大家一起建立起来的，大家的目标是一致的，所以互相赋能、共同成长，这是非常自然的。

协同资源，赋能企业

好买：　许多股权投资机构可能直接从金融的视角或者从财务投资人的角度去评估一些创业企业。而隐山的投委会成员长期深耕产业，可能更倾向于从实业的角度看待创业者和创业项目。隐山在评估一家创业企业或一个创业者时，会更关注哪方面的特质？

东方浩：　隐山资本作为一个股权投资平台，不希望做短期的爆款基金，更希望能有长期稳定的、可持续的发展，只有这样，才能够穿越经济周期，为投资人创造长期价值。

所以**我们努力的方向不是追风口，而是按照产业发展的逻辑去做投资**。物流供应链行业本身就有创造长期回报的属性，我们在这个行业深耕多年，能够鉴别出大的机遇和主要的风险。看到大的趋势，然后在大背景下顺势而为，这样才能保证长期回报。而短时间一阵风刮过来，来得快，去得也快，追这样的风口不是一个可持续的投资模式。

从金融的维度来看，在长期的格局演变过程中，会有一些具有爆发力的、转折性的机会或升级的机会，这些机会能够带来相对较高的回报。我们会从以上两个维度思考，选择标的，努力创造长期价值。

好买： 您刚刚说的这两个维度能定位到大的赛道，而具体研究某家企业的时候，会更关注哪些方面？是创始人的愿景，还是他的能力、格局等等？

东方浩： 不同阶段的投资关注的重点不同。处于早期阶段的项目，基于我们对产业的了解，判断哪些领域可能有机会相对比较容易，这个时候关注的重点肯定是人，也就是创始人的能力，主要看创业者对这个行业是不是有深刻理解，是否有适应或引领这个行业发展的能力。

我们会评估这个项目是否具备商业化的潜力，这也是早期项目中我们非常关注的内容。一些"看起来很美"的项目常常难以在产业中落地，尤其在 B2B 领域，企业客户往往追求极致性价比，为了获得订单而无法很好地控制成本，这样的项目不具备商业化的条件。

针对偏中后期的项目，我们做了非常多的分拆，这类项目首先要看企业有没有出现转折性的机会，或者说继续提升的空间。其次要看这家企业在行业中的地位，是不是已经处于绝对领先的位置，或者说处于一个加速发展的阶段。

好买： 在过往的投资经历中，隐山资本投中了大量有特色、有名气的项目，您对哪个项目印象最深刻？哪个项目最能够体现隐山资本的投资风格？

　　东方浩：　我们投资的项目主要分两类。**第一类是我们看到了行业的发展机会，进而帮助小企业成长为具备全球竞争力的企业。**

　　一个中小企业在早期可能有非常好的产品，但是在非常内卷的国内市场，想推广产品，创造收入，实现良性发展，还是有一定的难度。隐山认识到此产品的行业价值后，利用普洛斯的全球资源帮助这一类企业拓展国内市场，甚至全球市场。

　　比如在普洛斯的帮助下，一家物流及物流设备的集成服务商在美国成为沃尔玛的合作伙伴。在日本，依托普洛斯与三井和丰田搭建的机器人服务平台，这家企业和优衣库这样的著名服装企业展开合作。在普洛斯的帮助下，企业能够充分发挥其产品力。现在这家企业 80% 的营收来自海外。隐山在投后赋能的过程中，凭借对行业的深刻理解，挖掘出创业企业产品的独特性，帮助其开拓市场。

　　第二类是利用普洛斯的产业生态，迅速帮助被投企业实现商业化。很多公司我们在早期就已经介入，我们和创始人以共同创业的心态，发掘行业机会，加快对接商业资源，实现商业化应用，在实践中迅速迭代。在我们投资以后，这些企业能够在良性的道路上迅速发展。无论在业务层面，还是在股权增值层面，我们都与这些企业实现共赢。

　　好买：　一些偏早期的项目在制定战略的时候，隐山会介入到什么程度？具备了强大的行业认知和产业资源之后，隐山在一些早期项目中扮演怎样的角色？

　　东方浩：　对于一些早期项目，我们重点关注企业家本身的能力。无论是早期项目，还是一些大型企业的分拆项目，在战略制定的阶段，隐山都深度参与其中。我们会基于自身的全球视野，为企业提供整个行业纵深发展的观点和经验。当然，企业家依然掌握着主导权，我们把自己定位为副驾驶，利用各种辅助手段帮助驾驶员把车开得更好。

好买： 隐山投资过许多大型集团分拆类的项目，这类项目有些时候操作起来很复杂，许多股权机构并不擅长处理这样的项目，请问隐山在这类项目中如何发挥自身的优势？

东方浩： 大型集团分拆整合是我们关注的一类项目。但不是所有这类项目隐山都会参与，我们主要关注物流供应链领域，这正是我们擅长的。

物流供应链是国家双循环的战略支撑，其重要性不言而喻。这个行业的市场化程度非常高，竞争非常充分，大型集团在这个领域既肩负着保证供应链安全的重任，也承担着保障经济发展的责任。物流供应链领域中企业端到企业端的服务，除了要有好的团队和足够强的创业精神，还需要大量的资源做支撑，如土地、金融支持、国家政策等等，所有这些共同形成企业的核心竞争力。

隐山在物流供应链领域中对一些公司有所了解，包括对公司团队的了解，不是因为有了这些项目以后，大家才去尽调，而是在长期渗透于产业内部的协同发展中，逐渐对这个行业的发展机会、对优秀企业的禀赋和团队能力形成了认知。当机会出现的时候，我们能率先获得入场券，积极地布局，同时发挥全球视野、全球资源以及产业洞察带来的优势，服务于这些企业的发展。

创造价值，实现共赢

好买：隐山如何实施风控，或者说隐山对风险的容忍度怎样？

东方浩：聚焦早期项目的 VC 机构，对风险的容忍度会高一些，希望 10 个项目中有 3 个以上能成功。**而隐山希望通过自身的专注和认知，以及行业资源的有效配置，在早期项目中实现更高的成功率**。就中后期项目来讲，我们希望不要有失败。

收益与风险是相匹配的，作为深耕行业的投资人，我们希望有更多的手段去控制风险和提高成功率，包括基于认知，我们可以在投前就筛选掉不符合行业趋势的项目；基于行业资源，我们能在投后更好地帮助企业拓展市场、应对危机。

好买：每个行业都有一定的周期性，隐山如何应对物流供应链行业的周期性？

东方浩：首先，物流供应链行业作为基础设施是支撑国民经济的刚需，它有一个长期稳定的发展趋势，我们要做的是从中找到一些特殊的爆发点和成长点。另外，物流供应链行业服务于各行各业，从物流供应链和相关产业两个视角结合来看，我们能够看得比别人更深刻。比如 SHEIN，其实是披着消费公司外衣的供应链管理企业。

其次，物流供应链行业也是创新技术的巨大应用场景。近两年新能源领域备受关注，隐山也在考察很多新能源项目。这些项目和物流供应链紧密相关，能够使新能源技术场景化，借助产业视角，我们对这些技术的商业化也有了更为清晰的认知。

总之，**我们关注成长性企业的发展和创新，关注科技应用的各个阶段。**我们有强大的物流供应链基础设施作为底盘，其本身是相对抗周期的，我们可以利用这个底盘不断和各行各业结合，落地新的技术，找到其中成长与创新的机会。

好买：您觉得隐山资本未来面对的最大挑战是什么？

东方浩：我们现在能看到整个行业的发展趋势，但发展过程中，任何事都不会一帆风顺，有行业周期的挑战，也有个体项目的挑战。隐山非常重视投后服务和项目退出这两方面，但在赋能方式和退出方式的多样性上仍有提升的空间。

好买：您经历了多轮股权投资周期，时代在变，创业者也在变，不同年代，他们的所思所想以及价值观是否有所不同？

东方浩：每个时代有不同的特征，有不同的主旋律，也表现出不同的创业者特性，而投资要关注的是变化世界中相对不变的东西。我们团队的成长也非常迅速，人数扩充的同时，也在增加不同背景、不同年龄的成员，增加团队的多样性，主动拥抱时代变化。

好买：在不同的时期，您对创业者的评判标准会有变化吗？

东方浩：时代会变化，但我们评估创业者的基本准则不会变。**我们强调包容的文化，不同的创业者有不同的特性，在他们基础价值观符合我们标准的同时，我们希望这些年轻人能有自己的特色，有些特色可能带来意外的惊喜。**

好买：您如何规划隐山资本未来的方向？是专注特定领域深入研究和投资，还是逐步打造一个覆盖面较广的投资平台？

东方浩：我们希望成为一家有特色的，能为投资人创造长期的、有竞争力的投资回报的私募股权机构。对于被投企业，我们希望成为一个能够提供附加价值的股东。所以无论是对投资人还是对被投企业，我们都希望成为一个能够创造价值的合作伙伴。

物流供应链行业的规模非常大，拓展性也非常强，向上支撑国民经济各行各业，向下对接各种科技的应用，如 AI 和新能源等，都在物流供应链领域有非常大的应用空间。

一方面，隐山始终围绕物流供应链，不断扩充产品线，满足不同出资人的配置需求；另一方面，也会根据物流供应链行业的需求设计基金产品。**我们会持续关注内循环大市场，寻找行业发展带来的大机遇，并把行业认知和投资能力结合起来，为投资人和被投企业创造价值。**

下一个阶段，我们会发挥好普洛斯的全球资源和全球视野优势。现在普洛斯已经在全球具备了大量独特的产业资源，可以帮助中国的物流供应链企业出海，发展海外业务。未来这将是隐山的一个核心能力，可以帮助很多企业打开海外市场。

好买：您觉得执掌隐山会是您职业生涯的最后一站吗？

东方浩：是的，2016 年开始筹备创立隐山时，我看到了整个物流供应链行业的发展潜力，看到了一个巨大的趋势性机会，不仅仅是物流供应链行业在中国的发展，也是物流供应链亚洲一体化的发展。

在过去的几十年里，我在日本看到了发达国家头部企业的发展，也见证了中国这个发展中国家众多企业的崛起，这让我逐渐对企业发展规律形成了一些经验和认知。**我希望隐山能够集合整个团队的认知与经验，在行业内挖掘好机会，为企业创造价值，为投资人创造价值，实现大家的共赢。**

东方浩投资金句
QUOTATION

❶ 做任何事，一要看到行业的大趋势，二要回答"为什么成功的是我们"。

❷ 要抓住一个国家层面或者行业层面的大机遇，还需要依靠一家公司的价值观、文化和团队精神。

❸ 投资平台不能为了多元化而多元化，平台的资源配置最终是为了更好地发掘项目，更好地赋能项目，更好地应对风险，更好地为投资人创造价值。

❹ 一定要看到大的趋势，然后在大背景下顺势而为，而不是看短时间的风口，这种风来得快，去得也快，追风口的投资模式很难持续。

❺ 对于早期项目我们主要评估创始人的能力和项目的商业化潜力，对于中后期项目我们主要评估行业中的转折性机会。

❻ 时代不断发展和进步，投资要关注的是变化世界中相对不变的东西，发现其本质。

❼ 创业者的基础价值观符合我们标准的同时，我们希望这些年轻人能有

自己的特色。

❽　我希望隐山能够集合整个团队的认知与经验，在行业内挖掘好机会，为企业创造价值，为投资人创造价值，实现大家的共赢。

如果每个人都有描述自身特征的底层源码，那曹毅的源码是什么呢？也许最合适的一段源码是"创业者精神"。

在清华读书时，曹毅就开始参与创业。毕业后，曹毅受邀加入红杉中国，负责 TMT 领域投资，并快速成长为红杉最主要的 TMT 投手之一。

创投路上，曹毅与许多同样具有强烈创业精神的创业者成了朋友。曹毅懂创业，所以他能不断挖掘、帮助新的创业者。

创业者精神，就是在强大的体力、智力、心力支撑下，去创新、去突破、去创造价值。曹毅既是 VC，也是创业者，既在寻找创业者精神，又是创业者精神的体现。

源码资本　曹毅

心向辽阔，探索不息，
创造持久真实的价值

曹毅
源码资本　创始合伙人

- 拥有 17 年丰富的投资管理及产业创新经验，投资案例包括字节跳动、美团、贝壳、理想汽车、UC 等。自 2018 年，曹毅连续五年被《福布斯》杂志评为"全球最佳创投人 Top 100"。2019 年被 CB Insights 评为"全球风险投资家 Top 100"，2016 年被《财富》（中文版）评为 2016 年"中国 40 位 40 岁以下商界精英"，并被知名创投媒体《创业邦》评为 2016 年度天使投资人。

- 在创立源码前，曹毅在红杉资本、策源创投等领先投资机构得到专业锤炼，并曾在 UC Mobile、阿狸梦之城等新经济企业亲历创业的激情与艰辛。曹毅获得清华大学计算机学士学位、清华大学五道口金融学院金融 EMBA。

所有科技驱动的产品，背后都有底层源码（source code）。

2014 年，清华大学计算机系毕业的曹毅，以"源码"为名，创建了创投机构源码资本。曹毅希望能看透 VC 世界的源码，洞察这个世界的底层逻辑。

自成立以来，源码资本快速崛起，先后投中了美团、字节跳动等新一代互联网巨头，投中了理想汽车、贝壳、悦刻、欣旺达 EVB 等明星项目，投出的百亿级企业和独角兽公司也达几十家。而且在明星项目上，源码投得早，持股多，源码历期人民币基金和美元基金账面回报倍数惊人，多只产品账面回报位列行业头部。

与优秀业绩相伴的，是机构资金的认可。从全球知名养老金，到明星企业创始人，再到大型保险机构、实力强劲的股权母基金等等，**源码得到了各类优秀 LP（有限合伙人）的认可，源码的产品也逐渐成为市面上的抢手货和稀缺品，其美元基金许多机构 LP 都投不进去，人民币基金也是国内门槛最高的股权产品之一。**

持续投出明星项目，创造了业内一线的投资业绩，不断赢得机构资金的认可，源码资本成立以来，正快速跃升为头部 VC 机构。**曹毅真的看透了 VC 世界的底层源码吗？ VC 世界的底层源码又是什么呢？**

曹毅的源码，创业者精神

曹毅身上有许多光环，浙江金华市高考状元、高考理综满分、清华大学计算机系毕业生、TMT 领域知名投手、头部 VC 掌门人。

然而，高考状元很多，曹毅却只有一个。如果每个人都有描述自身特

所有科技驱动的产品

背后都有底层源码

征的底层源码，那曹毅的源码是什么呢？也许最合适的一段源码是"创业者精神"。

打开源码资本官网，机构简介的第一句话正是"具有创业者精神的投资机构"。

那么什么是创业者精神呢？美团创始人王兴曾这样评价曹毅：

"曹毅是一个刚满 30 岁却有十年投资经验的 VC，曹毅的体力、智力、心力都非常强。我愿意赌他会成为新一代 VC 中的佼佼者。"

创业者精神，就是在强大的体力、智力、心力支撑下，去创新、去突破、去创造价值。曹毅既是 VC，也是创业者，既在寻找创业者精神，又是创业者精神的体现。

在清华读书时，曹毅就开始参与创业，创立动漫品牌阿狸。毕业后，曹毅受邀加入红杉中国，负责 TMT 领域投资，并快速成长为红杉最主要的 TMT 投手之一。

创投路上，曹毅与许多同样具有强烈创业精神的创业者成了朋友，包括王兴、张一鸣。后来，王兴创立了美团，张一鸣创立了字节跳动，而曹毅创立了源码资本。曹毅的源码资本成了美团和字节跳动最早期的机构股东，而王兴和张一鸣也成了源码资本早期产品的 LP。

可以看到，具有创业者精神的人会互相吸引，形成一个团体、一个圈子，而在这个圈子里，创投和创业是相通的。创业者成功后，可以转而去帮助其他的创业者，这是创投人做的事。而创投人也可以帮创业企业出谋划策，这其实又是创业者的角色。只要身处这个圈子，具有创业者精神，了解创业者，了解这个行业的游戏规则，资源和机会就层出不穷。

曹毅就身处这样的圈子。他懂创业，并且与同样优秀的创业者成为朋

友，而后又不断挖掘、帮助新的创业者。

"曹毅很有进取心，源码打法灵活，可以在投资、投后等环节和创业者平等做朋友。"字节跳动创始人张一鸣这样说。

这就是曹毅，这就是他的底层源码——创业者精神。

好买早在 2016 年就与源码资本有过合作。我们看中的不仅仅是源码资本的业绩，更是曹毅的特质、打法和资源。

VC 行业向来有"时势造英雄，还是英雄造时势"的争论。第一代互联网巨头 BAT（百度、阿里、腾讯）的上市，以及它们孕育的互联网领域的一系列创新机会，造就了中国本土第一代 VC 机构的崛起。而美团、字节跳动等新一代互联网巨头的诞生，也让中国第二代的 VC 机构后来居上，源码资本正是其中的佼佼者。

时代赋予的机遇，曹毅把握住了。源码资本的崛起，既源于时势的造就，也源于曹毅个人的智慧。未来如若时势和个人的因素都淡化了，源码如何保证持续投出、投中明星项目？这是好买关注的问题，也是很多投资者关注的问题，当然，更是源码资本和曹毅最希望解决的问题。

这个问题的答案，也正是 VC 世界的底层源码。

VC 世界的源码，看得到、投得进、退得出

在 VC 世界里，一家创投机构若想基业长青，必须持续做好五件事。

第一，看得到。要不断发掘市场上新的、有潜力的创业项目。一些火爆的明星项目自然众所周知，但那些早期的、知名度暂时不高的项目，则需要创投机构有能力去发掘。

第二，看得清。看到了创业项目，也要看清项目的发展路径。这既需要创投机构理解行业、理解市场，也需要创投机构有效评估创业者。

第三，投得进。一些业内共识度较高的优质项目，要能投得进去。创投机构普遍能看到、能看清，而对于未来确定性较高的优质项目，则是创业者反过来挑选创投机构。因为优质的项目并不是每家创投机构都能投得进去。

第四，帮得上。在企业创业过程中，能发挥作用，帮得上忙。创投机构若能帮助创业企业渡过难关，既能提高项目成功率，又能深化合作关系，形成双赢。

第五，退得出。需要退出时，能有效有利地退出。能否找到合适的退出渠道，也是对创投机构的一项考验。

以上五点正是 VC 世界的底层源码，这五件事持续做到了、做好了，VC 机构的优质项目、一线业绩、资金认可度才能持续。

源码资本正是围绕这五点，打造系统性、建制化的体系，以保证未来能持续投出好项目，创造好业绩。**其中最主要的是源码资本的"全码力为你"创业服务体系。**

源码资本定期召开码荟。"荟"指荟萃，也指志同道合者的集会，其实就是前文提到的曹毅打造的大型创投圈。起初，圈子里可能只是曹毅、王兴、张一鸣等一批具有相同创业热情和创业精神的好友。渐渐地，不断有新的创业者加入，有老的创业者成功，成熟的企业开始成为创投者或 LP，大家可讨论、可分享的东西越来越多，圈子也越来越大，逐渐成为 VC 世界里连接四方的码荟。

自曹毅创立源码资本以来，码荟发展至今已非常成熟和庞大。码荟成

员彼此之间像朋友、像同学，大家也都以同学相称，资深的创业者是高年级同学，新进的创业者是低年级同学。源码资本投资或投过的创业者，都能成为码荟成员。资深的创业者会分享创业经验，同时也会为新进创业者提供各类资源。比如码荟成员王兴创立的美团可以提供许多线下消费方面的商务合作机会。

码荟不是简单地把创业者们聚集在一起，而是资源共享、经验共享、供需对接、共同成功，既为初创企业赋能，也为成熟企业创造价值。码荟体系在多个方面提升了源码资本的投资效率。

首先是新项目看得到。**码荟已成为源码资本获取新项目的重要途径之一。**在码荟里，成熟的创业企业可能分拆出一些创业项目，一些成功的高管可能出来再创业，码荟成员也会互相推荐优秀的创业项目。这些项目，源码资本都能第一时间看到，第一时间参与。

其次是早期项目看得清。码荟内部，如美团、字节跳动这样的互联网巨头可以分享大量的行业数据、市场状况，在业内人士共同的探讨中，一些赛道的前景，一些创业项目的潜力，大家也能看得更清楚。

至于优质项目投得进、企业有忙帮得上，码荟通过资源对接和分享，对新进创业者的帮助无疑是巨大的。许多创业者希望加入码荟以获取相应资源，也倾向于和源码资本合作。对于那些每个 VC 机构都想争取的优质项目，源码则更容易获得创业者青睐。

最后是成熟项目退得出。码荟在提供大量项目资源的同时，也提供许多退出渠道，比如巨头企业的收购与兼并。

码荟圈子的壮大，既源于曹毅、王兴、张一鸣等核心创业者的推动和努力，也源于源码资本长期精细的运营。**曹毅把过往的成功，经过时间累**

积沉淀，逐渐转化为源码资本独有的优势，为其在发掘项目、赋能企业、成功退出等方面提供帮助。

源码资本另一个着力打造的体系是投后服务系统。源码快速成长的同时，对创业企业建制化的服务体系也在不断迭代、优化。

每年，源码都会回顾过往投资，研究如何才能帮助被投企业成长得更好。源码的投后服务体系每年都会更新，越来越多的新设计、新想法、好创意留下来，效率低的环节被淘汰，这其实也是源码创业精神的一种体现。

源码的投后服务非常强调专业化、系统化和产品化。 专业化方面，源码力求投后服务团队的专业性，由人力、财务、公关等部门组成的投后团队要能独当一面，要能和一家优秀的企业相匹敌。

系统化方面，源码要求投后服务团队能在各个方面为企业成长提供支持，包括融资、人力、战略制定、政策研讨、市场需求评估等等，通过系统化的服务，让创业企业少走弯路。

产品化方面，源码竭力将投顾服务产品化，比如企业需要某领域的专业人才，源码会有相应的人才周报，每周整理该领域的人才并加以推荐。

2021年末，与码荟类似，源码资本的投后服务也有了一个新的名字——码力创业服务中心，在专业化、系统化、产品化的基础上，码力创业服务中心提出了全新的"六全"理念，即全效助攻、全程陪伴、全面服务；全心投入、全员参与、全法支撑。这是源码投后服务的又一次升级。

源码将创业企业分成种子期、早期、成长期、成熟期四类，将创业服务分成战略运营、品牌建设、政策研判、供应链管理等十大类，构建了投后服务的"四横十纵"矩阵，而后围绕这个矩阵，以"六全"理念构建专业化团队，打造多套投后服务产品。

投后服务解决的是"企业有忙帮得上"这个问题，而优秀的投后服务也能极大提升创投机构对创业者的吸引力，使创投机构在一些稀缺项目上能被创业者认可，能投得进去。

如果说是曹毅凭借其创业者精神让源码从 0 走向 1，是曹毅、王兴、张一鸣等组成的创业者圈子为源码的崛起提供了条件，那么在此之后，源码将成功的项目逐渐整合成码荟生态圈，一步一步搭建、一次一次迭代形成码力创业服务中心的投后服务体系，这些正成为源码资本从 1 到 N、迈向未来的基石。

未来的源码，变化、创新、质变

投资面向的是未来，尤其是 VC 行业，所有机构都希望看透未来，看到未来世界的底层源码，投出下一个美团、下一个字节跳动。

然而，这其实是一个悖论，所有人都能看清的事物，资金会蜂拥而入，回报空间必将越来越小。对于未来，越是模糊的东西，越是多数机构看不清的东西，反而隐藏着巨大的机会。**而看清这些东西，则需要 VC 机构在研究层面建立技术优势。若想把握住这样的机会，也需要 VC 机构敢于迎接变化，敢于挖掘创新。**

经历了初创期和成长期，源码资本也在走向成熟，源码的策略不断迭代，也逐渐成熟。源码尽量回避"短、平、快"的投资，回避那些渴望短期见效的决策、所有人都在做的平庸决策以及快进快出、快速赚钱的决策。

　　源码希望把握住现在的边缘、未来的主航道，即更早地投入时间，更多地投入资源给那些哪怕现在还没有共识，哪怕短期可能没有投资机会，哪怕只有极少数人在关注的领域。**源码希望在一个看似边缘的行业，VC 机构十有八九都不看好或看不清的时刻，去做那十之一二，当边缘变为主航道时，源码能成为行业内准备最充分的人。具体而言，对于未来，源码希望投资于大变化。**大变化的时间周期比较长，也会有比较多的不确定性，但源码相信大变化，也接受大变化带来的挑战。

　　源码希望投资于创新。这种创新不仅仅是技术创新，更是技术创新和模式创新、管理创新的结合。

　　源码希望投资于质变。投资于质变是相信这个世界的某些区域或某个阶段是不连续的，是非线性的，需要有一些质变才能够实现转型或者形成进化。投资于质变，就是投资从 0 到 1 或者从 1 到 10 的阶段。哪怕是一些成长期的公司，其某个业务处于量变的过程，而另一个业务可能处于质变的过程，比如从链家到贝壳，从字节跳动到抖音，都是既有量变又有质变。

　　这是 VC 世界未来的底层源码，变化、创新、质变之下，许多今天看似边缘的领域，未来会成为机构聚焦、资金聚集的主航道。**这也是源码资本的核心策略，去发现并相信这样的边缘行业，敢于布局、敢于下注。**

　　其实这也是曹毅的创业者精神、源码资本的创业精神最好的体现。曹毅在强大的体力、智力、心力支撑下，去创新、去突破；而源码资本，则在庞大的码荟资源圈和强大的码力创业服务中心的支撑下，去捕捉突破，去赋能创新。

源码资本团队成员

- 源码资本是具有创业者精神的投资机构。自 2014 年春创立以来，源码坚持投资于科技驱动的创新，投资于持久真实价值的创造，已经投资了 300 余家创业公司（如字节跳动、美团、贝壳找房、理想汽车等），阶段跨越种子期、早期和成长期，行业涵盖产业数字化、智能制造、消费科技、生命科学、绿色发展、创新出海等。源码重视创业者，致力于"全码力为你"，提供连接创业生态的码荟、提高创业认知的码脑课程以及成就创业者的码力服务。

- 源码资本管理资金规模人民币和美元基金总计折合约 350 亿元人民币，受托管理的资金主要来自国家级引导基金、地方科创基金、金融机构、市场化母基金、产业出资人、全球知名主权财富基金、大学捐赠基金、慈善基金、养老基金等。源码由 130 余名投资及专业人士践行机构化建设，于北京、上海和深圳三地设有办公室。

投资于创新，投资于质变，

投资于有伟大愿景的创业者

访谈时间：2022 年 11 月

创立源码，关注核心，求简求长

好买： 您以浙江省金华市高考状元的成绩考入清华大学计算机系，后来为什么会选择风险投资这条道路？

曹毅： 在清华高性能研究所学习时，我主攻的方向是带宽共享，这个专业其实与资源整合相关。后来，我开始接触创业方面的资源整合。2004年结识了清华的师兄、现任搜狗 CEO 王小川。当时我问王小川："你什么时候创业？我帮你找人。"

和王小川同为清华计算机系 96 级学生的周枫留学回国在五道口创建实验室，早期团队的成员都是我帮忙物色的。为了提高创业资源对接的效率，我当年还创办了一个清华就业创业协会。

在校期间，我参与过创业，也做过创投。毕业后，在联创策源期间，我看的第一个项目是 PPStream。再后来受到周逵邀请，加入红杉资本。五年后，我再次创业，成立了源码资本。

好买： 2014 年，您选择自立门户，创立源码资本，当时是出于怎样的考量？想创办一家什么样的 VC 机构？

曹毅： 进入风险投资行业的第 10 年，我创立了源码资本，也是一种突破和尝试。同年，源码募集完成了 1 亿美元规模的首期基金。LP 都是活跃在一线的实力派创业者或投资人，包括红杉资本、美团 CEO 王兴、字节跳动 CEO 张一鸣、BAT 等互联网企业高管、著名天使投资人和对冲基金合伙人以及近 20 位 10 亿美元级新兴企业的 CEO 等等。半年后，源码又募得第二期基金 1.5 亿美元和首期人民币基金 2 亿元人民币。

源码的名字来源于一个计算机行业的常用术语 source code，通常是指一个产品背后的编码。源码资本早期的几个发起人大多是信息学相关专业的理工男，在高中、大学时代沉浸在编码中，体验实现产品想法带来的无限乐趣；创业后，又希望通过科技产品实现用户价值和商业价值。

"源码"这个词是我对新基金的理解和愿景，我对代码所代表的科技生产力充满热情，相信它对人类的影响史无前例，并且未来会持续对我们的生活产生深刻变革。"代码"是原理、规律、算法、变化、规则等集合的释义；"源"是对前者的描述定语，意在强调追本溯源、拨云见日、关注核心、求简求长等。源码创业之初，有几个方面的寓意和期望。

一是商业编码（business code）。我们希望拆解商业机会底层要素的变化，从而验证商业战略和战术的正确性。

二是创业者编码（founders/orgnization code）。我们希望掌握优秀创业者以及创业组织的共性。

三是投资者编码（investors code）。我们希望把握顶级投资人才的特征，只有顶级的投资人才方能识别出顶级的企业家，两者都是稀缺资源。

四是世界编码（world code）。投资环境千变万化、诸形无常，我们希望能理解和利用其中的规律。

希望源码可以心向辽阔，探索不息，创造持久真实的价值。

优秀的创业者，既无限向外，又无限向内

好买： 成立至今，您觉得源码资本取得了哪些成就？又在哪些方面有了明显的迭代和进步？

曹毅： 作为创业者精神的体现，源码在不断地自我迭代。在投资领域和为创业者服务的领域，源码在不断地探索创新。2014 年春创立以来，源码坚持投资于科技驱动的创新，投资于持久真实价值的创造。至今已经投资了 300 余家创业公司，阶段跨越种子期、早期和成长期，行业涵盖产业数字化、智能制造、消费科技、生命科学、绿色发展、创新出海等。源码非常重视创业者，提供连接创业生态的码荟、提高创业认知的码脑课程以及成就创业者的码力服务。

如今源码资本管理资金规模人民币和美元基金总计折合约 350 亿元人民币，受托管理的资金主要来自国家级引导基金、地方科创基金、金融机构、市场化母基金、产业出资人，全球知名主权财富基金、大学捐赠基金、慈善基金、养老基金等。源码由 150 余名投资及专业人士践行机构化建设，于北京、上海和深圳三地设有办公室。

自成立以来，源码在各方面都不断总结、进化。比如 2022 年，源码在投资体系中将种子阶段的业务独立运营，推出了源码一粟。源码一粟业务由源码董事总经理张星辰领衔，带领单独的投资团队，以投人理念和决策机制，发现、支持并陪伴从 0 到 1 的科技创业者。

好买： 目前源码资本的管理规模已超 350 亿元。成立至今，仅 8 年时间，源码资本以极快的速度获得认可，成为行业龙头。您觉得这些年来，

源码有哪些变化，又有哪些没变？

曹毅：源码始终保持创业者精神，坚持在创投行业中做一家创业公司，不断地创新，拥抱变化，做难而正确的事情，做长期的、对公司对行业有价值的事情。

自创立以来，源码逐渐明确了跨阶段、多领域、双币种、全球化、强中后台的路径，而始终不变的是坚持投资于科技驱动的创新，投资于持久真实价值的创造，这是源码未来穿越周期的原动力所在。**源码的变化，是对新环境的全面适应；而底层不变的，是贯穿始终的对创新和价值的持续追求。**

好买：与其他 VC 机构相比，源码一直坚守的原则有哪些？

曹毅：**第一，尊重创业者，做创业者的诤友，和创业者一同成长**。这是创投这项事业非常宝贵之处，和最优秀、最有活力的一批人共同成长。

第二，不断地迭代，做德才兼备的投资。资本是一种巨大的力量，有可能创造价值、造福社会，也有可能导致社会资源的浪费。好的资本与不好的资本，区别就在于背后的管理者。德才兼备意味着要有优异的才能、强大的分析能力、去伪存真的判断能力、帮助企业的能力；同时还要有德，这个"德"的含义广泛，不仅是基本的思想品德，更是价值观和品性。要做对社会有价值的事情，而不仅仅是对自己有价值的事情；要做难而正确的事情，而不是做容易、短期的事情。

第三，长期有耐心，尊重规律。规律是一年实现 80% 的增长，不要不切实际地想实现 2 倍甚至 3 倍的增长。规律是第一名获得 50% 的市场份额，不要想着争取 80% 的市场份额。要有耐心，在没有私心、没有杂念的干扰下尊重规律，拒绝听风就是雨。

好买： 在过往的投资案例中，您发掘并结识了许多非常优秀的创业者，您觉得一名成功的创业者其最宝贵的特质是什么？

曹毅： 源码期待和既务实又浪漫的创业者合作，共同成长。务实又浪漫，也可以理解为既无限向外，又无限向内。无限向外就是创业者可以没有边界，广泛地涉猎，不断地拓展业务和创新；无限向内则是创业者持续提升内在，不断定义自己的未来，不断进化。

创业对社会而言就是创造一定的价值，而对创业者自身来讲就是自我修行的过程，通过做这件事情不断地修炼，不断地提高内在境界。"无限向外，无限向内"出自钱穆的《人生十论》，意为务实又浪漫、感性又理性。

通常很多科技公司的创业者很理性，讲求内在逻辑和体系化。但同时他们也有感性的一面，无法用理性解释的东西，他们能够从感性的视角去分析，有很好的同理心。

苹果公司 1997 年"Think Different"的广告中有一句话："只有那些疯狂到以为自己能够改变世界的人才能真正改变世界。"源码认为最优秀的创业者需要足够疯狂，有疯狂的想法，想创建一家公司改变行业，进而改变世界。他们的内心蕴藏着无限的能量，在面对各种困难与挫折的时候无所畏惧。与这样的人共事，可能不会让人最舒服，但是一定会让人快速提升。

投资于创新，投资于质变

好买： 2014 年至今，源码聚焦的领域由早年的"互联网+"扩展到如今的"智能+"，请问源码如何把握 VC 行业风向的变化？如何确定要聚焦的领域？

曹毅： 做投资，要看清现在的边缘、未来的主航道。目前在市场上，很多行业容易形成风口，进而行业内迅速达成一致、形成共识，吸引绝大部分的资金进入。源码果断拒绝滑入"短、平、快"的惯性通道。

"短"是指总希望短期就能见效。"平"是指平庸，别人这么做，我也这么做，导致投资行业的平庸化；"快"是指总在寻找快进快出的机会。人很容易受外界环境的影响，如果没有一些理念、哲学、原则的坚持，容易陷入行业的惯性洪流中，迷失自己的方向。

源码的做法是更早地投入时间，哪怕这个行业现在还没有共识，哪怕短期可能没有投资机会，哪怕只有极少数人在关注这个领域。源码要做的是，在一个看似边缘的行业，在十有八九都不看好的时刻，去做那十之一二，当边缘变为主航道时，成为行业内准备最充分的人。

在边缘领域寻找创新，有一个明显的优势——快人一步。在这个时间窗口内，聚焦所有的投资资源，包括研究资源、投后资源、网络资源等等，很容易取得先发优势，这将很大程度上避免创投机构之间出现遭遇战。遭遇战可能无法完全避免，但源码希望打阵地战或者伏击战，提前在一些领域布局。当伏击战场最后切换成主战场的时候，能有一个很好的位置来应对。

好买： 源码有独特的"三横九纵"投资矩阵，矩阵中的每一子块都有聚焦的领域，并且早期、成长期的机会都会关注。您能详细介绍一下源码的这套打法吗？

曹毅： "三横九纵"是源码成立之初的打法，近年来已经有了迭代。

但源码始终坚持几点核心的投资理念：投资于大变化，投资于创新，投资于质变，投资于现在的边缘、未来的主航道，投资于有伟大愿景的创业者。

投资于大变化。相较于投资那些确定性较高、回报周期较短的小变化或者微变化，投资于大变化更具有挑战性，投资周期更长，不确定性更大，每一个变化的方向发展以及速度都是未知的。对于大变化的捕捉更考验能力，源码相信大变化，也接受大变化带来的挑战。

投资于创新。创新不单单是技术创新或者科技创新，更重要的是要与模式创新相结合。源码投资了很多技术创新公司，认为创新公司必须有好的模式创新，才可以把技术创新的威力发挥出来。通过好的商业模式积累资源、获取利润，进而更好地投入技术创新，做更深更长期的底层技术投入。

此外，管理创新或者组织创新也非常关键。比如字节跳动成立了管理研究院，因为要管理十万团队，面临的问题复杂多变，既要有自上而下的战略，也要有自下而上的创新，这对组织管理来说是非常大的考验。对于源码来说，更加要投资于创新企业，更加要依靠创新在变局之中找到自己的位置。

投资于质变。投资于质变是相对于投资于量变而言的。在投资的世界里，有非常主流的一派投资于量变，甚至投资于不变。比如说价值投资，可能更多的是投资于量变，投资于相对确定的大的需求、相对确定的供给方式，只是供给会有结构性变化，这是很好的投资理念，相信局部的世界是连续的，找到理性的公司进行投资，然后进一步扩大。

投资于质变是相信这个世界的某些区域或某个阶段是不连续的，是非

线性的，需要有一些质变才能够实现转型或者形成进化。在投资的世界中，还是存在一些长期确定性比较大的机会，长期确定性是很大的趋势，也是潜在的回报空间非常大的质变的投资机会。

源码选择走这条路，投资于质变，投资于从 0 到 1 或者从 1 到 10 的阶段。哪怕是一些成长期的公司，其某个业务处于量变的过程，而另一个业务可能处于质变的过程，比如从链家到贝壳，从字节跳动到抖音，都是既有量变又有质变。

投资于有伟大愿景的创业者。俗话说"男怕入错行，女怕嫁错郎"，在投资领域则是"既怕入错行，又怕嫁错郎"。和平庸的人在一起，自己也会变得平庸，而与当下最优秀的创始人、创业者一起共事，压力可能很大，要时刻跟上他们的步伐，但也正是这种压力让人有更多的成长。将时间花在对的事情和对的人上面，自然就会走在这个行业的前列。

源码也在不断思考，什么样的人才是最优秀的创业者。他们可能既务实又浪漫，脚踏实地的同时还要有想象力，有浪漫主义情怀。只有少数人可以将这一对矛盾完美地融为一体，这样的创业者很稀缺，但其充满力量，该务实的时候务实，该浪漫的时候浪漫，既能动于九天之上，又能藏于九地之下。

打造创业资源连接器，打造"六全"创业服务体系

好买：您自己懂投资、会投资，和您率领一个团队，让这个团队懂投资、会投资，这是难度不同的两件事，您如何赋能源码？如何搭建源码的团队？

曹毅： 源码从诞生之初的小作坊逐步发展成为近 150 人的团队，在北京、上海和深圳三地设有办公室。在内部组织建设与革新上，源码资本坚持走机构化道路，比如种子期、早期与成长期投资组成的前端，与投后和平台专业人士组成的创业服务之间，形成高效协作与专业分工，组织力得到极大提升。此外，源码也非常重视深度研究，成立了特别的研究小组，经常开展跨阶段、跨行业的讨论。

好买： 源码创立了非常有特色的码荟，成为成功企业家和源码被投企业的连接器，您如何看待码荟的作用？码荟是如何帮助源码被投企业的？

曹毅： 源码建立了独具特色的行业超级连接器码荟，由源码出资人和超过 300 家源码成员企业组成，为创业者提供高效精准的连接、深度的资源合作、多维的经验分享，以小我连接大我，进一步推动生态建设。

源码对被投企业的支持是全方位的。源码重视创业者，致力于"全码力为你"，提供连接创业生态的码荟、提高创业认知的码脑课程以及成就创业者的码力服务。

好买： **源码如何进行投后管理？有哪些特色？**

曹毅： 2021 年 12 月 23 日，源码在北京举行了"全码力为你"2021 创业服务报告会。报告会上正式宣布源码资本投后服务升级为码力创业服务中心，并整体阐述了码力创业服务中心的"六全"理念，过百位码荟创业者、投资人通过线上、线下的方式参加了本次会议。

继上一次投后服务报告会已过去两年时间，这期间，通过深度理解创业者需求，持续开展并精进创业服务，源码创业服务将此前体系化、产品化的服务体系升级为"六全"的创业服务体系，即全效助攻、全程陪伴、全面服务；全心投入、全员参与、全法支撑。

截至目前，源码资本被投企业累计超过 300 家，源码向被投企业提供的创业服务次数从 2018 年的 426 次增长到 2021 年的 986 次，增长率高达 131%。2021 年累计完成了 986 次创业服务动作，相比 2020 年增长了 28%，其中 44% 服务于早期公司（含种子阶段），56% 服务于成长期公司，获得高价值度评价的服务占比达到 93%。

从 1.0 的"体系化、产品化"到 2.0 的"六全"经历了两年的时间，经历了洞察、思考、实践的不断循环。创业者是服务的用户，从用户的视角看，全效助攻意味着创业服务要从实际效果出发，为创业者提供快速、准确、有效的服务，助力创业者解决最实际的问题；全程陪伴则体现在不管公司发展处于种子期、早期、成长期还是成熟期，源码的创业服务对内容、产品和能力等方面都能覆盖；全面服务是指创业公司的需求是多元的，包括战略、增长、组织、资源等等，不管哪个领域有需求，创业服务都能推荐该领域最优秀的专业人士。

从源码的视角看，全心投入就是全心全意地提供创业服务，全心全意地帮助创业者成功。全员参与则意味着创业服务不仅仅是创业服务团队的责任，还需要投资、平台、内外部资深专家顾问以及整个码荟生态的参与，实现"人多、人强、人的合作更有效"。全法支撑则体现了源码资本注重底层思考，讲策略、重实践，用科学的方法提供有效的服务，是"体系化、产品化、线上化"的概括。

过去在"体系化、产品化"的服务体系中，源码构建了"四横四纵"服务地图，将创业者的需求分成四大类，服务方式也分成通用的、定制的、补充的、前置的四类解决方案，输出了 20 多套投后服务产品。

随着被投公司数量的增多，所处阶段、行业分布越来越广泛，源码将原来的"四横四纵"迭代到"四横十纵"，全程陪伴和全面服务创业者。在两年时间内，新增到 30 多套创业服务产品。在新增专业线方面，每建一条专业线，都需要经过半年时间的调研，对需求真实性和供给有效性等方面进行深入研究，从关键点切入实践并快速迭代，同时广泛寻找这一领域最具优势的专家或团队加入。例如资本市场方向，创业者希望源码能提供一些 IPO 方面的指导，公司认为在 IPO 之路还未清晰的时候寻找匹配的 CFO 难度较大，且有效性不高。如果源码能提供共享 CFO，几家公司一起共用，不但效率更高，而且很多相关问题能马上得到解决。经过调研确认了创业者对这一领域的需求，源码研发了资本市场系列课程，邀请 A 股、港股、美股资深 CFO 和投行专家开展深度分享，将这些行业顶尖人才引荐给创业者。

在新增创业服务类产品方面，每新增一个产品，产品提供方都需要写一份详细的产品说明书，写明产品的应用场景、交付流程、效果评估等，以便更好地帮助创业者理解和使用产品。例如早期公关类产品，源码创业服务团队发现很多公司在早期阶段对于如何对公众发声这件事很纠结，怎么说、用什么方式、什么渠道、说到什么程度都是困扰它们的问题。经过内部反复讨论、探索尝试，源码团队决定采用视频这一形式。首先为早期公司提供对外输出的方法论框架，其次协助它们输出和优化内容，然后配合视频采访和传播，帮助打响早期公关第一枪，最后将过程中的素材记录以及传播效果全部交付给公司完成闭环。

30 多套产品，每一套产品背后都有很多故事，从洞察需求、深度思考到提供和打磨产品、效果评价以及快速迭代，每一个细节都体现了源码创业服务的科学性。比如有一家机器人赛道的 To B 企业，源码投它的时候它已经处于成长期，有千人规模，该企业使用了组织咨询、定向招聘、危机公关等广泛受成长期企业青睐的创业服务产品，同时也使用了债权融资产品，负责债权融资的专业人士帮助该企业成功融到了债权资金。

再比如有一家消费赛道的 To C 企业，源码从这家企业的种子期就开始为其提供服务。在种子阶段，源码提供了业务方向研讨、渠道资源、创业新手包等服务；当企业进入早期阶段，源码提供的服务包括市场资源、融资支持、政策解读、定向招聘等；当企业进入成长期，源码则提供了组织咨询、战略研讨、危机公关等服务。整个过程源码陪伴创业者一路成长。

从"两化"进阶到"六全"，从"投后服务"焕新为"创业服务"，源码有了更加清晰的规划。码力创业服务中心将是创业者最靠谱的战友，源码将继续和坚韧敢为的创业者一道，不负时代、不负使命。

曹毅投资金句
QUOTATION

❶　"源码"这个词是我对新基金的理解和愿景，我对代码所代表的科技生产力充满热情，相信它对人类的影响史无前例。

❷　商业机会源于若干个要素的变化，成于对变化的洞察、正确路径的摸索以及战略战术的有效执行。

❸　优秀的创业者需要体力、脑力、心力俱佳；而有生命力的组织需要有好的结构、制度和文化。

❹　源码始终保持创业者精神，坚持在创投行业中做一家创业公司，不断地创新，拥抱变化，做难而正确的事情，做长期的、对公司对行业有价值的事情。

❺　源码始终不变的是坚持投资于科技驱动的创新，投资于持久真实价值的创造，这是源码未来穿越周期的原动力所在。

❻　优秀的创业者可能既务实又浪漫，脚踏实地的同时还要有想象力，有浪漫主义情怀。这样的创业者很稀缺，但其充满力量，该务实的时候务实，该浪漫的时候浪漫，既能动于九天之上，又能藏于九地之下。

❼　源码希望在一个看似边缘的行业，VC 机构十有八九都不看好或看不清的时刻，去做那十之一二，当边缘变为主航道时，源码能成为行业内准备最充分的人。

❽　源码希望打阵地战或者伏击战，提前在一些领域布局。当伏击战场最后切换成主战场的时候，能有一个很好的位置来应对。

❾　投资于大变化，投资于创新，投资于质变，投资于现在的边缘、未来的主航道，投资于有伟大愿景的创业者，这些就是源码的投资理念。

近百年的投资征程，历经辉煌与沉淀初心不改；六代管理人的恪尽职守，跨越时间的长河历久弥坚。

从美国本土走向全球化发展，威灵顿投资传承投资的基因，经受时代的考验，向着投资界的"百年老店"迈进。如今，威灵顿投资管理着超过 1 万亿美元的客户资产，拥有 1000 多位投资专家，客户遍布全球 60 多个市场，为机构和个人客户提供全方位的投资服务。

威灵顿投资的投资理念很纯粹，威灵顿投资的目标很长远，对其而言，亚洲市场的投资之路，大道至简，行稳致远。

威灵顿投资

做市场的领跑者，
向"百年老店"迈进

顾苏君
威灵顿投资　管理副主席、高级董事
　　　　　总经理、亚太区负责人

- 顾苏君先生作为副主席，在制定公司与亚太区资管业、客户及监管机构的往来战略方面发挥着关键作用。作为亚太区负责人，他主管该地区客户沟通方面的工作。他带领团队充分整合全公司的丰富资源，以满足亚洲客户对投资和风险管理的特定需求。

- 顾苏君先生是公司运营委员会和首席执行官领导团队成员，也是香港、上海和东京子公司董事会的成员。作为全公司多元与包容倡议的积极成员，顾苏君先生目前还担任 Four Seas Business Network 的顾问。2017 年调任香港之前，他常驻旧金山，担任公司美国西部业务主管，负责公司当地业务发展。

张嘉宾
威灵顿私募基金管理（上海）有限公司　总经理

- 张嘉宾先生拥有哥伦比亚大学工商管理硕士学位和对外经济贸易大学文学士学位。

- 加入威灵顿之前，张嘉宾先生曾担任过上海金元顺安基金管理有限公司总经理和深圳民生加银基金管理有限公司总经理。

- 他曾就职于香港的中国光大资产管理有限公司，担任中信保诚基金管理有限公司副总经理和富国基金管理有限公司总经理助理，从事业务拓展工作。

李以立
威灵顿投资　管理投资产品与策略部
总监

● 李以立是投资产品和基金战略的投资总监，与权
益投资团队密切合作以确保其投资方法符合投资
指引。包括定期与投资团队会面，监督投资组合
仓位、绩效和风险敞口，开发新产品和客户解决
方案以及管理投资业务，如策略规模上限、费用
和投资指引。目前在威灵顿投资管理香港办事处
工作。

在我们采访过的机构中，威灵顿投资是历史最为悠久，也是全球最大的独立投资管理公司之一。

时间追溯到 1928 年，毕业于普林斯顿大学的沃尔特·摩根（Walter Morgan）在美国建立了首只平衡型共同基金——威灵顿基金，标志着威灵顿投资管理公司雏形的诞生。如今，威灵顿投资管理着超过 1 万亿美元的客户资产，拥有 1000 多位投资专家，客户遍布全球 60 多个市场，为机构和个人客户提供全方位的投资服务，包括养老基金、主权财富基金、慈善基金、基金会、家族办公室以及保险公司等。（数据截至 2022 年 9 月 30 日）

随着中国资本市场加快对外开放的步伐，私人财富迅速积累，中国作为最具潜力和最重要的新兴市场之一，不断吸引着威灵顿投资这样的国际资管巨头的布局。2003 年，威灵顿投资在香港开设子公司。2007 年，威灵顿投资开始为中国内地的机构客户提供权益投资、固定收益、多元资产以及另类资产类别等投资方案。2022 年 1 月，威灵顿全资子公司威灵顿寰宇私募基金管理（上海）有限公司成立，同年 7 月，威灵顿寰宇成为合格境内有限合伙人私募基金管理人，在中国的业务得到更进一步的发展。

在威灵顿投资内部，坚守着这样一条信念——以客为先，企业次之，自我为轻（Client, Firm, Self），即把客户的利益置于公司和个人之上，是维系客户和企业长久发展的关键。作为一家老牌资产管理公司，威灵顿投资肩挑信任的决心和时刻保持谦卑的态度，在行业中非常少见。

近百年的投资征程，历经辉煌与沉淀初心不改；六代管理人的恪尽职守，跨越时间的长河历久弥坚。从美国本土走向全球化发展，威灵顿投资传承投资的基因，经受时代的考验，向着投资界的"百年老店"迈进。凡益之道，与时偕行，对威灵顿投资而言，在不久的未来，新的百年即是新的起点。

威灵顿的百年常青之路

　　"百年老店"如何养成？关于这个问题，威灵顿投资首席执行官吉恩·海因斯（Jean Hynes）给出了答案，"在我的投资生涯中，研究过的公司数以百计，我深信公司的长远成功之道在于企业文化"。威灵顿投资独有的企业文化和发展模式，正是其可持续竞争的优势所在。

　　长期思维，架构别树一帜。谈及威灵顿投资的发展模式，就不得不提到意义深远的私人合伙人制度。1979 年，受动荡的市场环境影响，威灵顿公司的股价跌至 6 美元。基于对行业的认识和公司的长线发展，威灵顿的 29 位核心成员不惜通过抵押房产将公司进行了私有化改制。正是这一关键举措使得威灵顿避免了来自华尔街的过多短期业绩拷问，在战略部署上更为从容，作出更为长期的发展规划。也正是股权激励的模式，帮助威灵顿吸引和留住了全球顶尖的投资人才，最终造就了如今的威灵顿投资。

　　而在此后，这样的长期思维也贯穿到了团队的投研考核中，给予优秀的基金经理穿越市场周期的时间和空间。公司的战略也更着眼于未来 5 年乃至 10 年的发展，在影响公司未来的重大项目上勇于投入。

　　恪守原则，汇聚多元灼见。对于以受托、信任为基础的行业，坚守客户利益至上非常重要。而客户利益至上不只是一句口号，需要机构在产品的分析、规模上限的设立、风险和收益的把控上做足准备。在威灵顿投资管理副主席、亚太区业务负责人顾苏君（Scott Geary）看来，对客户需求的高度关注，满足甚至超越客户的投资目标以及对服务的预期，是威灵顿傲立投资领域并越走越稳健的关键。

　　在面向世界的多市场、多资产类别投资中，威灵顿投资始终保持各条线的紧密合作，培养全产业链研究和投研团队，以覆盖和挖掘不同市场的不同机会。"亚洲，晚上好！""伦敦，下午好！""波士顿，早上好！"这不是早间国际新闻播报，而是威灵顿投资多年来每日投资晨会的场景。常驻全球各地的数百名投资组合经理、研究分析师和其他投资专家通过远程连线齐聚一堂，讨论最新投资观点。深度研究、集思广益的协作氛围，思想多元、兼容并包的公司文化，不仅有利于威灵顿投资的发展，最终也将使客户受益。

　　与时俱进，发掘创新理念。回顾威灵顿投资近百年历史，与时俱进的思维方式已经融入公司的方方面面。威灵顿投资通过各种持续的成长机会，激励现有的人才挖掘自身潜能，同时不断吸引具备多元技能的新人才加盟。投资团队之间还会相互发掘创新理念，跨越资产类别、地域以及投资范畴，共享研究成果，从中发掘新的投资机遇。

　　威灵顿投资的与时俱进还体现在专注 ESG（环境、社会、公司治理）及可持续投资上。在进行可持续投资时，威灵顿投资采用的策略是基于"价值"而非"价值观"。威灵顿投资始终相信，重大的 ESG 议题能够对所投资证券的长期价值产生影响。而这需要资产管理公司运用新的能力、数据和技术，了解全球企业和政府的零排放行动过程，公司及政府的行为将如何影响各利益相关者，以及管理对结果和回报将产生什么作用。这些都是重点投资的领域，是威灵顿投资成为可持续投资领跑者的愿景体现。

　　正如成长股投资之父菲利普·费雪所说："投资难免需要些运气，但长期而言，好运和坏运会相互抵消。想要持续成功，必须依靠技能和继续运

用良好的原则。"无论是放眼长线、高瞻远瞩的投资目标，还是专注长期成果、符合客户利益的投资架构，抑或是与时俱进、集思广益的投资氛围，都为威灵顿投资真正立足全球奠定了坚实的基础。

专注视角，投资于主动管理的未来

在这次访谈中，亚太区业务负责人顾苏君和我们分享了加入威灵顿之前一次令其印象深刻的经历。

"在多年的投行生涯中，我曾带着数百名上市公司 CEO 参加各种路演，与资管公司和对冲基金打交道。在某次威灵顿投资路演结束之后前往下一场会议的电梯里，那些 CEO 不断地告诉我，这次会议与众不同。主持会议的分析师对他们的公司了如指掌，提出了与其他公司不同且有见地的问题。与那些典型的照本宣科的会议相比，威灵顿投资的会议更具战略性和参与性。"

威灵顿对公司做到了如指掌主要凭借其投研的专注，即在行业配置及选股上有着视野更专注的研究队伍。威灵顿投资的职业分析师模式意味着分析师将在其整个职业生涯中，专注于他们覆盖的行业。构建庞大的投资团队、评估全球市场机会为威灵顿赋予了投资的广度，而专研各类资产类别、专注行业洞察又使得威灵顿更具投资的深度。

威灵顿投资的全球行业分析师在各自覆盖的行业平均有 18.3 年的工作经验，这让分析师能与公司管理层进行深入融合的行业讨论。与很多公司相比，威灵顿投资真正把覆盖某一个行业作为一项职业，让相关员工拥有晋升为公司合伙人的明确职业路径。从这个角度而言，这并不亚于成为投资组合经理。

近些年来，主动管理和被动管理孰优孰劣的问题一直被投资者反复讨论。在威灵顿投资看来，被动管理选择的一般是过去 5 年、10 年市场上的赢家；而主动管理更多聚焦于未来，寻找的是 5 年、10 年以后在资本市场上能够脱颖而出的赢家。这是两者实质的差别。

"在未来的投资中，投资者需要更广泛、更先进的工具，来应对更温和的市场回报和更高的波动性。或者换一种说法，我们需要充分利用现有的优良导航工具，从自动驾驶切换为主动驾驶，在投资的天空中翱翔。"

以史为镜，放眼未来。在对未来投资的把握上，威灵顿投资明显表现出主动管理的特征。威灵顿投资认为，在一些社会经济结构变迁比较慢的经济体，也许主动管理相比被动管理不会表现出太多的超额收益。但是，中国市场是一个快速变迁和发展的经济体，威灵顿投资认为，未来 5~10 年中国的主动基金相比被动基金，可以展现出更高的超额收益。

中国市场的投资主线变化也印证了这一点。2011 年以来，伴随着全球经济调整带来的外需节奏的放缓，中国开始提倡内需发力。除了对于基建投资的完善，更倾向于促进消费的发展。因此在那个时期，很多消费类优质企业在市场中脱颖而出。对于下一个十年，威灵顿认为消费仍然会在经济发展中扮演重要的角色，但新的主角可能不仅仅是消费，更有可能是以新能源车、光伏、半导体等行业为代表的高端制造业，其占比会不断提升。威灵顿看到了公司在指数中占比的提升需要时间，被动投资占比的提升是一个长期的过程，而主动投资则可以更快看到经济结构变迁的趋势以及行业政策的引导方向，从而适应市场。

对于投资而言，主动管理是一种很强的生命力。威灵顿认为，在中国

这片投资和经济的沃土上，未来 10 年主动投资仍将战胜被动投资，并且是大幅胜出。

聚焦亚洲，迈入投资新时代

"亚太市场对我们全球业务具有战略意义。"顾苏君说道。

目前，威灵顿投资在亚洲地区拥有近 350 名员工，其中约三分之一为投资专家，为来自 14 个不同市场的客户管理约 1300 亿美元的资产。值得一提的是，威灵顿投资每年举办的 16000 场公司会议中，近三分之一由威灵顿投资亚洲同事主导。

从威灵顿投资这些年在亚洲市场的布局，不难看出其看好亚洲市场的信心。20 多年来威灵顿投资先后在新加坡、中国香港和日本设立了分支机构，2020 年，威灵顿外商独资企业在上海开业。总部从美国和欧洲调派了一批全球行业分析师、宏观分析师和投资组合管理专业人员常驻亚洲，建立起高水平投研团队，并在中国招贤纳士，进一步提升研究和投资组合管理能力，以满足国内投资者的特定需求。

在投资者结构上，国内外市场存在较大差异。中国投资者的机构化率依然小于 50%，因此威灵顿认为散户或者非机构投资者热情参与市场，能为机构投资者提供更好地获取阿尔法的机会。而这个阿尔法可能来自两方面：第一，中国经济增速长期高于世界平均水平，仍然是发展质量较高的经济体；第二，由于中国目前还是被定义为一个新兴市场，这种市场在估值和股价上会有更大的波动性，而这样的波动性为具有良好定价能力的机构投资者提供了获取阿尔法的机会。

从投资时钟的角度来看，目前全球经济体应该处于从滞胀走向衰退的过程，而中国本土的经济体可能会率先从衰退走向复苏。中国市场具有长期的投资价值，2022年股市的一波调整为外资进入中国市场再次提供了一个较好的时点，把握入场时机则有可能获取比较高的回报。

对于亚洲市场投资的当下和未来，顾苏君感慨："从业务的角度而言，在亚洲能够找到比世界任何其他地方都多的阿尔法。这是一个真正充满活力的环境，我们坚定地致力于在这里的业务发展，我们还将继续扩大投资。尤其在中国，我们看到了很多激动人心的增长机会，也将继续扩大投资及客户范围。"

目前，威灵顿投资在不同地区的不同投资部都有着不同的策略表现。威灵顿投资允许多样化的投资，允许不同的意见存在，这是威灵顿与其他机构的不同之处，也是长期的文化所在。

威灵顿投资的投资理念很纯粹，威灵顿投资的目标很长远，对其而言，亚洲市场的投资之路，大道至简，行稳致远。

WELLINGTON MANAGEMENT®
威 灵 顿 投 资 管 理

- 1928 年，毕业于普林斯顿大学的沃尔特·摩根（Walter Morgan）在美国建立了首只平衡型共同基金——威灵顿基金，标志着威灵顿投资管理公司雏形的诞生。如今，威灵顿投资管理着超过 1 万亿美元的客户资产，拥有 1000 多位投资专家，客户遍布全球 60 多个市场，为机构和个人客户提供全方位的投资服务，包括养老基金、主权财富基金、慈善基金、基金会、家族办公室以及保险公司等。（数据截至 2022 年 9 月 30 日）

- 在威灵顿投资内部，坚守着这样一条信念——以客为先，企业次之，自我为轻（Client, Firm, Self），即把客户的利益置于公司和个人之上，是维系客户和企业长久发展的关键。作为一家老牌资产管理公司，威灵顿投资肩挑信任的决心和时刻保持谦卑的态度，在行业中非常少见。

- 近百年的投资征程，历经辉煌与沉淀初心不改；六代管理人的恪尽职守，跨越时间的长河历久弥坚。从美国本土走向全球化发展，威灵顿投资传承投资的基因，经受时代的考验，向着投资界的"百年老店"迈进。凡益之道，与时偕行，对威灵顿投资而言，在不久的未来，新的百年即是新的起点。

识别、评估和利用全球市场中的机会

访谈时间：2022 年 12 月

百年传承，栉风沐雨

好买：　威灵顿投资作为全球规模最大的独立投资管理公司之一，创始于 1928 年，有着近百年的历史，在这一过程中如何做到家业持续传承？

张嘉宾：　威灵顿成立于 1928 年，经历了六代管理人，一直恪守受托人职责，赢得了一大批客户的信任，在行业内一直卓尔不群，从美国本土走向全球化发展，堪称"百年老店"。

站在当下回顾公司历史，我认为威灵顿的家业得以传承的主要原因是，公司注重对企业文化的培养和坚持，进而形成了企业特有的基因。企业想持续经营最重要的就是拥有被客户和员工广泛认同，同时能持续吸引优秀人才且经得住考验的企业文化。

在我看来，威灵顿的企业文化主要包括以下几个方面：

一是坚持履行受托人责任、客户利益至上的原则。威灵顿的每个产品在成立之初均经过认真分析，设有规模上限，就是为了保障业绩，做到客户利益至上。

二是鼓励思想多元、意见多样。威灵顿对于多元化、平等与包容性的长期愿景持明确态度。我们坚信，营造多元化的员工队伍与包容性的文化氛围，并为所有同事提供发挥潜力的平等机会，对于实现我们的使命至关重要。

三是注重长期。1979 年，公司进行了私有化改制，从证券市场退市，成为私人合伙制企业。这样一来，公司能够摆脱华尔街时时刻刻对于公司短期业绩的拷问，可以从容部署长期发展战略，着眼于公司未来 5 年乃至 10 年的发展，对于影响公司未来的重大项目勇于投入。

好买：近百年的历史，威灵顿投资经历了好几代 CEO，在基业长青的路上，私人合伙人制度有多重要？

顾苏君：威灵顿投资能保持基业长青主要是基于两个因素。一是对客户需求高度关注，满足甚至超越客户的投资目标以及对服务的预期；二是吸引并留住世界上最顶尖的投资人才。

我们的私人合伙人制度正是这两个因素得以满足的必要条件。威灵顿投资原本是一家上市公司，1979 年由于市场环境动荡，公司股价跌至 6 美元，当时威灵顿投资的 29 名员工，也就是公司的原始合伙人，不惜抵押其房产将公司私有化，也正是这一关键举措才造就了如今的威灵顿投资。

资产管理行业不是资本密集型行业，私有化可以带来很多关键优势。首先，对于吸引和留住全球顶尖投资人才而言，这是最好的模式。归根结底，这一行最终拼的是人才。股权激励对吸引人才和稳定员工有很大的作用，这种稳定性也得到了客户的认可。其次，通过私有化，威灵顿投资不必迎合那些倾向于短线思维的华尔街和公开市场股东。

虽然威灵顿投资是全球最大的资管公司之一，但是采用的商业模式始终保持简单且专注。我们所做的仅仅是为客户管理资金，没有卖方业务和自营部门，也不隶属于任何大型金融集团，而这些均可能导致潜在的利益冲突。我们的收益来源取决于能否满足和超越客户的投资目标。我们赖以生存的基础是为客户管理资产，这一点我们铭记于心，并且对于客户在投资方面给予我们的信任，时刻保持谦卑的态度。

重视长期业绩，打造富有深度和广度的平台

好买： 能否分享一下威灵顿在投资方面的优势？

顾苏君： 简而言之，就是我们所拥有的独特视角。这应当归功于我们的投资平台以及分析师和投资经理的卓越资质。很少有公司能在投资能力的深度和广度上与我们相提并论。

威灵顿投资是自下而上的研究驱动，在全球拥有超过 1000 名投资专家，在股票、固定收益、另类投资、实物资产和 ESG 方面都拥有强大的实力。我们对世界上几乎所有资产类别都有独特的见地，这让我们能够识别、评估和利用全球市场中的机会。我们投资平台的核心就是集中化的研究团队。威灵顿投资的职业分析师模式意味着我们的分析师将在其整个职业生涯中专注于他们覆盖的行业。

搭建投资平台的方式不尽相同。在很多公司，攀上成功的巅峰意味着成为一名投资经理。而实现这一目标的通常方式是，在职业生涯的开端成为一名覆盖某几个行业的分析师，经过几年的积累后，转战其他行业以获得更为丰富的经验，最后成为一名基金经理。

威灵顿投资并未采取这种方式。首先，我们真正把覆盖某一个行业作为一项职业，让相关员工拥有晋升为公司合伙人的明确职业路径。我们有很多资深的行业分析师最终都成为公司的合伙人，从这个角度而言，并不亚于成为投资组合经理的职业路径。其次，我们允许员工管理所覆盖行业的投资，这对他们有很大的激励作用，能促使他们成为更好的分析师和投资组合经理。这项制度为我们带来了积极的成果，目前我们拥有经验丰富

的行业专家，我们的全球行业分析师在各自覆盖的行业平均有 18.3 年的工作经验，这让分析师能与公司管理层进行更有深度的行业讨论。

好买： 对于投资者来讲，在寻找资产管理公司进行投资管理时，哪些重要因素需要考量?

张嘉宾： 资本市场上，基金产品的数量超过股票的数量是一种趋势，并已逐渐成为现实，因此选择资产管理公司变得尤为重要。投资者重点需要考虑的因素包括以下几点。

一是公司是否重视受托人责任。对于受托人责任，不能看其怎么说，而要看其怎么做。基金公司或出于压力或出于诱惑，有很强烈的冲动片面追求规模或短期业绩。这些行为不一定违规，但长期来看必定会损害投资者利益。威灵顿有相当比例的产品都选择关门不接受新资金，就是为了保护产品长期的业绩和客户的利益。

二是核心团队的稳定性。投资团队的动荡或多或少会影响产品业绩的稳定，基金公司核心投研人员的稳定性是一个重要的观测指标。基金经理凭借当期业绩优良高薪跳槽的事情时有发生。如何通过科学的机制留住人才对于基金公司的团队建设是一个重要的课题。威灵顿投资采取的是私人合伙制，基金经理大多是公司的合伙人。这种所有制模式有效地稳定了投研团队，公司投研人员的离职率仅为行业平均水平的 1/3。

三是需要考察基金经理的长期业绩。我们对于优秀的基金经理的业绩做过系统性研究。研究发现，以 10 年为考核周期，排名前 10% 的基金经理都曾在滚动的 12 个月期间业绩处于中位数以下，这其中 63% 的基金经理连续 3 年的周期业绩位于中位数以下。即使按照 10 年期计算他是一个优秀的基金经理，但连续 3 年业绩不佳，足以让一个基金经理进入观测名单，甚至被炒掉。由此可见，注重长期考核有利于提高投资收益。

好买：　面对复杂多变的市场环境，威灵顿投资如何应对并发展壮大？如何开拓在另类投资领域的优势？

顾苏君：　鉴于我们在全球范围内管理着超1万亿美元的资金，我们的另类投资实力往往被多头策略业务所掩盖。但我们管理的另类资产规模超300亿美元，投资历史近30年，其中包括股票及固定收益的多空策略、多元化策略、定制化解决方案以及私募股权，这让我们成为全球范围内的大型另类投资管理机构之一。

我们在另类投资以及其他资产类别的优势在于：拥有富有深度和广度的投资平台、独特的职业分析师、庞大的全球规模、丰富的经验和极高的稳定性，以及卓越的风险管理能力。威灵顿投资还采用"不设置首席投资官"的模式，这意味着公司对任何事情不拘泥于统一的或是标准化的观点。公司对待信息和差异化投资的理念，是威灵顿投资最大的竞争优势。

公司不同的投资团队对于通货膨胀、医疗保健以及宏观环境等任何投资主题，都有各自独到的见解。公司非常鼓励开展互相尊重的投资交流和讨论。在威灵顿投资，对冲投资组合经理能够探究各种不同的观点，并按照恰当的方式进行交流讨论。分析师和投资组合经理通过这种与同行的深入探讨日益进步。作为采用单一损益表的私人合伙企业，威灵顿投资拥有一个共同协作的工作环境，专注于为所有客户提供丰厚的投资回报。

如果用一句话概括威灵顿投资的另类投资管理业务，那我会说"威灵顿兼具了小公司的灵活性以及大公司的优势"。我们的另类投资平台持续受益于这种协作文化，这也是我们能够吸引众多优秀的另类投资人才加入的原因。

深耕 ESG 可持续发展战略，聚焦主动管理的未来

好买： 过去几年很多资金流入被动管理模式投资。威灵顿投资一直专注于主动管理模式，您如何看待被动和主动这两种投资管理模式?

张嘉宾： 随着市场结构的变化以及投资数据的爆炸式增加，我们认为主动管理将在未来的投资中发挥关键作用。投资者需要更广泛、更先进的工具，来应对更温和的市场回报和更高的波动性。或者换一种说法，我们需要充分利用现有的优良导航工具，从自动驾驶切换为主动驾驶，在投资的天空中翱翔。

首先，主动管理更适合宏观驱动的波动与更适度的资本市场预期。事实上，市场对绝对回报和宏观策略的需求已经在上升。从资本市场的预期来看，未来几年市场回报或将向下调整，获得阿尔法的难度将加大。在这些变化中，机构投资者正在寻求通过对某些机会的共同投资，与主动型基金经理携手合作，并希望将更多资金投入关键阿尔法主题中的优胜者，增值主题投资意念。

其次，积极研究并参与可持续发展议题。减缓与适应气候变化的影响等长期可持续发展主题，正在影响资本市场的资金流向。此外，客户愈加希望资产管理人能够作为长期受托人，确保资本市场及所投资公司为可持续发展的未来做出贡献。我们一直利用深度的股权、信贷及 ESG 研究，并就基于科学的气候目标、审视供应链以及董事会多元化等各类问题，与公司进行建设性的互动。

最后，相较于成熟市场，新兴市场的市场有效性更低。中国证券市场超

过 80% 的交易量来自个人投资者，专业的机构投资者通过主动管理可以大幅度战胜宽基指数，获得超额收益。从根本上来讲，主动管理的门槛只会越来越高。我们相信，成功需要深入的全球研究和长远眼光，研究和投资组合管理团队需要配备相应的技术和工具，才能应对可能会遭遇更多气流的航程，帮助客户到达他们期望的目的地。

好买：作为 ESG 领域的领导者，威灵顿投资如何将 ESG 与投资策略相结合？威灵顿在 ESG 以及可持续投资方面有哪些优势？

顾苏君：威灵顿投资很早就专注于 ESG 及可持续投资。在进行可持续投资时，我们采用的策略是基于"价值"而非"价值观"。我们始终相信，重大的 ESG 议题能够对我们所投资证券的长期价值产生影响，因此，我们的相关研究分析符合客户的最佳利益。

早在 20 世纪 70 年代，我们就将清洁能源、水、劳动力以及相关的科技确定为重要的未来主题，并且自那时就开始在投资组合中体现我们的研究观点。2011 年，我们建立了一个专门的 ESG 研究团队。我们拥有 ESG 行业重要性研究框架，换言之，我们始终考虑所有与公司相关的环境、社会和治理因素。

对于某些行业，我们会与聚焦这些行业的职业分析师一起制定框架，并在其中体现相关行业特定的 ESG 因素。比如对于能源行业，我们会强调环境因素；对于医疗保健行业，我们会首先关注社会因素，其次是治理因素，最后是环境因素。准确来说，我们对三方面因素的研究具有整体性，但对于不同行业会有不同的侧重点。

以史为镜，放眼未来，

寻找中国市场的阿尔法

访谈时间：2023 年 2 月

积极拓展中国市场

好买：为什么会选择在 2022 年这个时点进入中国市场？威灵顿对中国市场未来几年的趋势有什么样的看法？

李以立：自 2007 年起，威灵顿投资就一直为中国的机构客户提供投资管理服务，严格意义上来说，2022 年威灵顿扩展了在中国的业务。为了更好地适应中国市场的快速发展，我们招聘了很多本土和国际的人才，布局了各条业务线，这也非常符合威灵顿的长期规划。

首先，从政策层面来讲，2020—2022 年，国内的监管部门张开了对外资的怀抱。合并 QFII 和 RQFII、取消额度限制、扩大 QFII 的投资范围等举措，都展现了监管部门对于外资进入中国的欢迎态度。其次，中国市场具有长期的投资价值，2022 年股市的调整为外资进入中国市场再次提供了一个较好的时点，长期来看有可能获取比较高的回报。

好买：您认为 A 股市场和海外市场有什么不同？

李以立：A 股市场和海外市场最大的不同，可能还是投资者的结构。海外的机构投资者的持仓占比已经超过半数，在很多成熟市场甚至可以达到 60% ～ 70%，虽然交易量可能还没有达到这个比例。

2017—2020 年，中国市场经历了一波浩浩荡荡的机构化。2020 年之后，机构化暂时告一段落，稳定在一个固定的比例，但依然小于 50%。我们认为散户或者非机构投资者热情参与市场，能为机构投资者提供更好地获取阿尔法的机会。

中国经济增速长期高于世界平均水平，仍然是发展质量较高的经济体。由于中国目前还是被定义为一个新兴市场，这种市场在估值和股价上会有较大的波动性，而这样的波动性为具有良好定价能力的机构投资者提供了获取阿尔法的机会。

好买：公司各条线的投研团队是如何分工的？未来对于中国市场的布局会提供哪些支持？

李以立：和很多基金公司不太一样，威灵顿投资的投研体系分为三条线——ECI、GIA 和 IB。

ECI（early career investors）是一个早期投资经理发展计划，我们会通过校招，从清北复交或者各大海外名校招聘一些优秀毕业生，让他们成为威灵顿投资的新人，在职业生涯的初期就受到威灵顿长期投资以及伴随企业共同成长的投资文化的熏陶。他们可以在威灵顿投资工作 5 年、10 年、15 年，甚至终身为威灵顿投资工作。

5 年之后，通过校招进入威灵顿投资的同学就可以加入各个不同的投资团队（investment boutiques，IB）去轮岗。投资团队会按照不同条线划分，有的按照投资策略划分，有的按照地域划分，这和国内很多公募基金分为投资一部、投资二部、投资三部相类似。虽然各个投资团队独立运营，但是可以互相参照对方的投资体系和投资风格，最终交流投资看法并形成合力。

除了投资团队之外，我们还有全球产业分析师（global industry analysts，GIA），也就是前面提到的职业分析师。GIA 平均从业年限超过 18 年，都是非常资深的行业专家。很多工业、新能源、地产等行业的分析师原本就是该行业的资深从业者，转行来做投资，之前积累的行业经验对于其开展行业深度研究无疑如虎添翼。总之，ECI、IB 和 GIA 虽为三条不同的线，但是互相之间的合作是非常紧密的。

随着威灵顿投资在亚太地区，尤其是香港和上海不断扩大团队规模，后续会招聘更多的本土和国际人才，尤其会从本土的人才池里挑选一些优秀的、可以长期创造超额收益的人才加盟我们的团队。

立足基本面的纯粹投资

好买： 对于 A 股市场的投资，威灵顿投资会采取怎样的策略？

李以立： 我们在不同地区有不同的投资团队，不同的投资团队会有不同的策略。威灵顿允许多样化的投资，允许不同的意见存在，这是威灵顿的文化。

无论何种策略，其根基都是扎实深入的公司基本面研究。对于 A 股市场的投资，我们依旧是以自下而上的个股行业分析为核心架构搭建仓位。相对来说，我们会更注重公司的成长性、可持续性以及公司的质量，也就是公司现金流的健康度、杠杆率以及待收款项等。我们相信基于基本面分析和对质量成长的关注，辅以自律的投资流程，一定能够帮助客户在 A 股市场上获得更好的收益。

好买： A 股市场与成熟市场还是有一些区别，比如有更多的赛道炒作、更加极端的波动等等。作为进入 A 股市场的国际巨头，相关经验的缺乏会不会成为威灵顿的一个劣势？

李以立： 威灵顿投资不认为中国市场就是完全赛道炒作的类型，海外也有炒作。每个资本市场可能都存在一些局部的炒作，但更多的还是按照基本面和估值真实地反映实体经济的成长情况。所以我们认为 A 股市场也是遵循基本面和估值的规则，值得去长期投资。只是中国的投资人较早地发掘了某些赛道的成长趋势和投资价值，他们比较超前，比较偏向 VC 化和早期投资化，并不是完全的炒作。

威灵顿投资更倾向于较早地发掘具有投资价值的企业和赛道，并且左侧布局；更愿意伴随企业共同成长，从企业的长期增长中获取红利。

威灵顿投资早在 2007 年就已经在中国有所布局，而且很多投资人才也都有多年的 A 股市场经验，所以威灵顿投资在现阶段并不缺乏 A 股投资经验。这十几年来我们不断地建立自己的人才团队，也从本地招聘了一些优秀的人才，我们认为威灵顿在 A 股的投资已经具有了非常显著的优势。

好买： 在被动管理占比越来越高的背景下，能否分享一下威灵顿投资对于主动管理的看法？以及如何在当前市场中把握主动管理的投资机会？

李以立： 主动管理更多的是聚焦于未来。"以史为镜，放眼未来"是主动管理的核心。在一些社会经济结构变迁比较慢的经济体，也许主动管理相比被动管理不会表现出太多的超额收益。但是，中国市场是一个快速变迁和发展的经济体，我认为未来 5 ~ 10 年中国的主动基金相比被动基金，可以展现出更高的超额收益。

2011 年以来，伴随着全球经济调整带来的外需节奏的放缓，中国开始提倡内需发力。除了对于基建投资的完善，更倾向于促进消费的发展。因此在那个时期，很多消费类优质企业在市场中脱颖而出，比如家电企业、白酒企业等等，消费类的公司在股票指数中的占比也不断提升。

下一个十年，我们认为消费仍然会在经济发展中扮演重要的角色，但

以史为镜

放眼未来

是新的主角可能不仅仅是消费，更有可能是以新能源车、光伏、半导体等行业为代表的高端制造业，其占比会不断提升。这也体现在这类企业在经济结构中重要性的提升，以及国家相应的行业政策的引导方向。

当然，这些公司在指数中占比的提升需要时间，同样的，被动投资占比的提升也需要时间。而主动投资则可以更快适应这个市场，更快看到经济结构变迁的趋势并做出预判，从而更早地投身于相应的投资中。威灵顿非常看好中国的主动投资市场。我们认为在中国这片投资和经济的沃土上，未来 10 年主动投资仍将战胜被动投资，并且是大幅胜出。

好买： ESG 投资是全球资管机构逐渐看重的方向，您如何看待 ESG 在投资中的作用以及如何将 ESG 应用到投资当中？

李以立： ESG 的概念源于西方，近几年在中国不断被提及。ESG 可以从三个角度来解读——环保、社会以及公司治理。一些专家学者做过实证研究，他们认为在实际投资过程中，ESG 对于整个基金组合获取超额收益没有实际的帮助。但我们并不认同这样的观点，我们认为 ESG 对于创造阿尔法是非常有帮助的。

从股价层面来看，相较于同类型的其他企业，一家在环保领域更具优势的企业其股价的相对收益能够达到 20% ~ 30%。ESG 研究对于企业的投资价值以及股价的长期表现，都起着直接的决定性作用，这也是为什么要把 ESG 融入我们的投资框架。

具体来看，首先我们有一个独立的 ESG 研究团队，在美国、欧洲、亚太等地区都有相关人员从事分析研究工作。不同行业对于 ESG 的理解和应用需要因地制宜地做一些改变，比如高科技行业很少会研究耗能，更多的是研究企业价值的发展，乃至对员工利益的保护等。

其次，在复盘一家企业的历史业绩时，我们会考察其公司治理，看其在过往的经营中是否因环保问题受到政府监管部门的处罚等，这些都是我们投资框架中 ESG 的考量因素。

极端市场下的回撤控制

好买： 在投资中，除了策略本身，风控也非常重要。能否介绍一下威灵顿投资的风险管理体系以及投资决策流程？

李以立： 传统的海外机构投资人在风控方面都拥有很多年的经验，威灵顿投资对风控的重视程度甚至超过国内的公募基金。除了在交易过程中基金经理和交易员都有相应的风控职责，我们甚至在中间环节设置了一个新的职能——trading implementation，即交易执行团队负责筛选审核交易订单，然后提交给交易员。在筛选审核以及提交的过程中，同样要履行风控职能。

对于基金的风控，我们会借助系统化的工具和体制来执行。不同的基金其风控要求也不一样，具体要求都已经落实在基金章程中。管理层和投资管理委员会也会定期评估公司的风控实力，定期追查交易系统的下单情况。

同时，威灵顿投资对于组合的风险也会有相应的管控，不会对某个行业下重注，会严格控制单个行业以及单个公司的配置偏离度，以确保无论在市场的极端环境下，还是在正常的运作过程中，产品的净值都会有一个比较好的表现。

好买： 在 2022 年利率上升以及持续高通胀的宏观环境下，威灵顿投资对于全球市场持怎样的观点？比如美国是否会进入衰退？投资者在未来一年需要注意哪些地方？能否分享一些威灵顿的投资建议？

李以立：2022年初，由于地缘政治和全球央行大幅放水等，全球的通胀已经在上行。不少发达经济体的通胀率已经达到了8%～12%，一些新兴经济体的CPI指数也已经到达双位数，相对来说比较好的还是中国本土市场。

在这样的环境下，2022年全球的发达经济体开启了加息以及缩表，这个趋势在年底之前不会发生显著的转向或变化。2023年，伴随着美国通胀涨幅的放缓，以美国为代表的发达经济体从滞胀步入衰退，其央行可能更倾向于放缓加息缩表的步伐。但目前来看，全球风险资产还是处于承压的一个阶段。

从投资时钟的角度来看，第一阶段是复苏，第二阶段是过热，第三阶段是滞胀，第四阶段是衰退。目前全球经济体应该处于从滞胀走向衰退的过程，而中国本土的经济体可能会率先从衰退走向复苏。

按照这个时钟的轮转，反映中国经济基本面的权益类市场可能会最先迎来复苏，这也是我们看好中国市场的原因。对于投资者来说，可能2022年是大宗商品占优，但是从2023年开始，无论是债券市场还是股票市场，都会好于一些大宗商品的投资，这是我们对于投资者做资产配置的整体建议。

从 2017 年成立以来，高腾一直都有一个清晰的定位，就是希望成为境内投资者投资境外、参与配置全球市场机会的桥头堡。作为高瓴资本和腾讯战略投资的资产管理公司，高腾融合了双方的资产管理能力和核心文化，汇聚金融科技与互联网基因来优化投资体系。

投资不是一味地博取高回报，而是借助系统的方法，赚高确信度和深入研究的钱。从高腾穿越牛熊的实践中不难发现，聚焦深度基本面研究带来的高确信度，把握投资机会的广度和深度，以及关注投资执行的效率和质量，是高腾创造超额收益的三大要素。

对于市场，高腾想说的很简单，市场永远存在波动，而波动也带来了多空双向的机会。历经从 0 到 1 的稳步积累，再踏上从 1 到 N 的跨越之路，高腾始终坚信，在跌宕起伏的市场中，"走得稳"比"走得快"更为重要。

高腾国际

长线聚焦，捕捉多空双边
阿尔法机遇

侯明伟
高腾国际　固定收益首席投资官

- 拥有 27 年固定收益投资管理及研究经验。
- 拥有新加坡国立大学理学硕士学位（金融工程）和工商管理学士学位。
- 任职高腾期间，2021 年获著名财经杂志《指标》颁发的"年度杰出基金经理（新兴市场固收）"奖项，并被《投资洞见与委托》评为"年度明星经理（对冲基金，香港）"。
- 管理的旗舰固收多空策略于 2021 年先后荣获《指标》同级最佳（新兴市场固收，另类投资组别）、《彭博商业周刊》最佳信贷对冲基金以及《The Hedge Fund Journal》 2020 年度最佳投资表现基金（新兴市场固收多空类别）等奖项。

点开高腾国际的官网首页，映入眼帘的一句话便是：全球投资，触手可及。

从股票投资的驰风骋雨，到债券投资的稳步前行；从发达市场的目标布局，到新兴市场的机会挖掘，这些年投资者在资产配置需求上的增长与转变，催生了机构多元布局的趋势和全球投资的视野。也正是这样的驱动力，使得高腾在聚焦新兴市场、配置全球的投资策略上，迈出了更为坚定的步伐。

从 2017 年成立以来，高腾一直都有一个清晰的定位，就是希望成为境内投资者投资境外、参与配置全球市场机会的桥头堡。作为高瓴资本和腾讯战略投资的资产管理公司，高腾融合了双方的资产管理能力和核心文化，汇聚金融科技与互联网基因来优化投资体系。凭借强大的投研实力、一流的投资管理团队和丰富的境内外资产管理经验，一路稳扎稳打，多只阿尔法策略产品创造了长期亮眼的业绩。与此同时，高腾也会采用一些相对稀有的策略，例如有着"牛熊双边猎手"之称的新兴市场多空策略，与市场上大部分多头债券策略的相关性较低。

基金投资是一场策略的角逐，也是一次主观能力的考验；全球投资既强调对时机的把握，也需要灵活与前瞻的应对。在高腾看来，新兴市场展现了不少投资主题，在资产类别的广度和深度上有着较好的挖掘机会，而亚洲市场的经济基本面也具有较强的韧性。因此聚焦新兴市场、放眼全球的投资视野，成为高腾跨越牛熊周期、长期捕捉投资机会的不二法门。尽管全球投资环境越趋复杂，但如果把观察的时间周期拉长，在研究中保持清醒和理性，高腾认为还是能够在市场的不确定性中捕捉到较为确定的阿尔法机会。

　　博观而约取，厚积而薄发。历经从 0 到 1 的稳步积累，再踏上从 1 到 N 的跨越之路，高腾始终坚信，在跌宕起伏的市场中，"走得稳"比"走得快"更为重要。

高腾与新兴市场的故事

　　新兴市场固定收益团队，是高腾掘金高收益的优秀主力。作为高腾固定收益首席投资官，侯明伟给人的第一印象，儒雅、随和、从容。在与他的交谈之中，可以感受到其 26 年固收投资历程的深厚沉淀，也能体会到他对全球市场把握的张弛有度。

　　2006—2022 年间，侯明伟共 15 次荣获由《财资》颁发的"亚洲 G3 债券睿智投资者"奖项，在 2021 年凭借优异亮眼的投资业绩，获得《指标》颁发的"年度杰出基金经理（新兴市场固收）"荣誉，并被《投资洞见与委托》评选为"年度明星经理（对冲基金，香港）"。在美国保德信时期（2001—2007 年），侯明伟就参与了新兴市场固定收益投资，管理亚洲市场债券策略。而在加入高腾之前，他曾就职于野村国际（2009—2017 年），担任董事总经理及资深投资经理，管理的多空策略奠定了后期投资中的对冲思维基础。

　　"资产管理行业是天时、地利、人和的综合体现。"高腾国际 CEO、总裁毕万英曾在一次访谈中分享道。无论是权益投资，还是固定收益投资，不同的市场阶段意味着不一样的投资机遇。伴随着人口红利、基础设备日趋完善、劳动力技能水平逐渐提升，新兴市场的经济增长未来可期。在潜在的高收益回报利诱之下，新兴市场债也逐步受到全球资金的追捧，同时新兴市场的评级也不断提升与进步。

在侯明伟看来，无论是亚太区域、拉丁美洲还是非洲，新兴市场美元债发展的宽度和深度都非常可观。相较于成熟的发达市场，新兴市场整体还处在一个成长阶段，潜藏更多错配的交易机会以及更高的风险溢价，有机会挖掘更丰富的阿尔法，无论牛熊市都会是很好的一个投资板块。此外，新兴经济体货币与美元走势负相关，这也使得配置全球资产的投资人将其作为分散风险的理想标的。

正如德国诗人歌德所说："友谊只能在实践中产生，并在实践中得到保持。"高腾与新兴市场的接触与相处，是一个不断深入、循序渐进的故事，对新兴市场的聚焦挖掘也是一个更为笃定、游刃有余的过程。

在成立之初，高腾结合国内投资者的风险偏好，业务范围主要集中于低风险产品，比如聚焦亚洲的债券或者货币市场，满足投资者境外资产配置的需求，同时提供更为优质便捷的服务。而后高腾也在团队擅长的阿尔法策略领域，结合信用研究基础，规划布局了新兴市场多空策略、亚洲高收益策略等产品，丰富了不同风险偏好的产品线，为投资者提供更多的选择，带来持续亮眼的回报。

寻找被错误定价的资产

"尽管全球新兴市场资产类别广泛而深入，但我们的策略是利用主题过滤、缩小可投资范围，从而找到最佳超前机会。诚然，我们并不需要关注每一个发行人，只需聚焦于那些具有高质量阿尔法收益潜力的信用机会。"侯明伟是这么思考的，也是这么去做的。

　　基于保德信时期扎实的投资方法训练以及体系化的投资流程，侯明伟在高腾明确了更为清晰的"五步骤"投资法则。

　　第一步是风险预算，定期审视全球宏观投资环境，包括利率、波动率、股票、商品、信贷等主要市场的风险收益情况，以制定风险预算，调整风险暴露。**第二步是主题识别**，评估各个国家或行业相应主题中的投资机会以确定所投主题，配置风险预算。一旦确定，就进入**第三步证券选择**，基于投资主题制定候选证券名单，对证券信贷进行深度分析，并对相对估值进行比较。而后进入**第四步投资分配策略**，基于投资主题和持有期预期回报部署投资期限和交易规模。投资期限可分为持有一个月以上的战略性策略和持有一个月以内的战术性策略，而交易规模则取决于各策略的预期回报、信心水平和证券流动性。**第五步是投资组合整合**，策略团队会定期审查头寸，基于风险和收益目标优化投资组合，使得风险和收益目标相匹配。同时风控团队也会持续跟踪组合表现，实时归因，及时发现风险事件。

　　第一步源于风险，最后一步也终于风险。独特的"五步骤"循环投资法可总结为"透过主题辨识及债券选择寻求阿尔法，并以风险预算及投资组合整合平衡贝塔"。在过往周期，"五步骤"投资法则有条不紊地持续运用在高腾的固收投资中，无论是多空策略还是纯多策略，都得到了长期印证。**先聚焦，后投资；广覆盖，精挑选。"五步骤"投资法则将投资流程精细到每个环节，环环相扣、动态循环，从而以更经济、更高效的方式捕捉市场上的机会。**

　　2020年初新冠肺炎疫情冲击全球，市场大幅下跌，而固收多空策略却取得了亮眼回报。这一次的战术性调整，可以说是高腾极负盛名的一战。

2020 年 2 月，侯明伟观察到市场对风险的理解还不够充分，对潜在的全球疫情暴发过于忽视，于是开始果断地调整组合方向，重新制定风险预算，贝塔暴露方面调整为更多的空头仓位。2020 年 3 月的第一周，疫情蔓延和原油价格战导致投资者恐慌以及流动性危机爆发，市场的抛售如洪水猛兽般袭来，未给投资人任何喘息的机会，而新兴市场多空策略通过未雨绸缪的调仓操作大幅跑赢了市场。此外策略也通过主题识别，投资主题围绕疫情全球蔓延和供应链中断展开，看空巴西航空业，同时看多中资地产行业，在多头、空头两方面均斩获颇丰。

根据彭博数据，全球 90%的固收对冲基金在 2020 年 3 月都遭受了惨烈损失，而高腾国际新兴市场固收多空策略在全球市场震荡不止、跌幅史无前例的时候，通过非常有限的风险预算，撬动了大量的超额阿尔法收益，在该月份取得了骄人业绩。

"我们投资于信用的未来走势，而不是当下的面值。"固收投资有两个收益来源，票息与资本利得。侯明伟会采用哑铃策略，将主动寻求阿尔法与管理组合贝塔相结合，兼顾组合的灵活性与韧性，但与很多其他信用投资经理不同的是，侯明伟对于利差变化的关注大过票息。作为基本面投资者，投资于信用的未来走势，侯明伟专注于在信用利差收窄和走阔的变动中获取资本利得。在债券被低估时买入，债券被高估时做空，通过债券定价的修复来获取收益。

投资的本质，或许就是寻找被错误定价的资产。资本利得能够穿越周期，无论在牛市还是熊市，都是比较稳定的收益来源。牛市里，侯明伟希望找出一些"明日之星"，从高收益跃升至投资级，伴随的利差收窄可能达到 150 个基点，对应 5 年或 6 年久期债券的资本利得或能达到 8～10 个点，是相当可观的一个收益。而在熊市中，侯明伟关注"坠落天使"，由投资级下调至高收益，且利差往往显著走阔，从而获取资本利得。

人弃我取，人取我予。恐慌和贪婪是市场的两个状态，贪婪后逐渐恐慌，恐慌后重新跑向贪婪，长期来看市场还是存在收益追踪。在高腾看来，布局还需保持灵活与审慎，一方面聚焦高素质的高收益债机会，另一方面借机布局一些被错杀的机会，挖掘有咸鱼翻身潜质的特殊信用。

牛熊周期下的灵活布局

投资赚的是什么钱？针对这个问题，侯明伟曾给出自己的答案。投资不是一味地博取高回报，而是借助系统的方法，赚高确信度和深入研究的钱。从高腾穿越牛熊的实践中不难发现，聚焦深度基本面研究带来的高确信度，把握投资机会的广度和深度，以及关注投资执行的效率和质量，是高腾创造超额收益的三大要素。

投资需要扎实严谨的投研框架，也需要历经牛熊周期的豁达洞察。不同的市场周期，往往潜藏着不同的投资机会，因此判断周期一直是高腾固收投资决策中的第一步。回顾过往 20 多年的投资历程，市场共经历了三个熊市周期。

第一个是 1997 年的亚洲金融风暴，不少国家收支陷入危机；第二个是 2008 年的美国杠杆事件，体现为雷曼兄弟的破产；第三个就是 2020 年初新冠肺炎疫情下的市场。信用利差早在 2017 年已到达最狭窄的一个区间，而违约率在 2020 年也已经到了较低的位置，国际货币基金组织陆续下调全球经济预期，且在疫情的影响之下经济萧条更被加速。最大的差异是这一次的危机是全球性的，因此这一次的熊市也和以往有很大不同，除了下行速度较快，随着全球性央行与政府的政策扶持双管齐下，反弹的速度也很快。

在侯明伟看来，**2020 年第三季度或年底阶段就已经步入了金融市场的牛市，在 2022 年第三季度调整为信贷牛市周期的中期修正阶段，而非周期结束。金融市场的表现可能和实体经济存在一定的脱节，但通常来说金融市场更像是一个指针，会跑在实体经济的前面。**

处于当下周期阶段，从新兴市场的角度来看，企业基本面处于十多年来最强劲的水平，为经济衰退或持续通胀压力提供了重要缓冲。更重要的是，新兴市场企业在疫情后成功地降低了杠杆，而利息覆盖率仍然很高。同时新兴市场的信贷轨迹在疫情后有所改善，具体体现为偿付能力的提升。种种表现都印证，信用的牛市周期并未结束。

但与此同时，高腾并不会"Marry to the Position"，也就是说，在变化的环境和趋势之下，不会永远只坚持一种观点。有人可能会执着地认为这是很好的信用，市场再怎么差也选择不卖，但这对于流动性高的策略来说不是一件好事。坚持到最后可能是对的，但这个过程或许太过曲折。高腾不会永远坚守一个想法或产品，而是会根据大环境的变化和时点的好坏做权衡，甚至会先把它卖掉，等到更便宜的价格再买回来。这也是高腾投资理念的灵活之处。

2020 年初高腾固收多空策略的布局比较谨慎，2022 年高腾仍然保持谨慎，虽然认为当下处于牛市周期，但违约率还没有达到峰值，预计还有隐藏的违约风险会表现出来。在侯明伟看来，投资中的谨慎有利于降低组合的波动，有利于超额收益的持续稳定，在任何时候都能更大程度地给持有者带来好的投资体验。

长线聚焦，方得始终

有"波士顿先知"之称的塞斯·卡拉曼在《安全边际》一书中写道："要想跨越资本市场和实体经济的循环周期取得长期的成功，仅仅捧着一些规则是远远不够的。在投资世界里，太多的事情变化迅速，以至于没有哪种方法能够持续成功。因此，成功的关键是理解规则背后的基本原理。"

我们看到高腾在基本面研究上的实力与经验，在风险管理流程上的完备与高效，在复杂的市场中，不受困于一种行情，不拘泥于一个市场，历经牛熊转换，而后不断探索新的机遇。

深耕主动管理，探索表象之下。从成立之初到现在的每一步，高腾都是沿着既定的目标和方向在走。如果说"五步骤"是做好高收益债投资的策略核心，那么高腾的团队就是策略得以实现的保障。

高腾的企业文化很简单，找到对的人，给大家充分的信任和资源支持，让大家专心做好自己擅长和喜欢的事情。这其中，有的注重通过分散投资降低组合波动，有的选择逆势布局增强长期收益，有的自上而下敏锐把握投资主题，有的擅长风格轮动灵活捕捉机会……高腾长期可圈可点的业绩，离不开这些有着不同专业背景、不同风格理念，但在各自领域独树一帜，且都看重长期业绩的基金经理。

高腾认为，就经济前景来看，市场的不确定性还很高，未来的加息趋势也还不够明朗，寻找优质且高回报率的资产是一个挑战，但相较于欧洲和美国债券市场，亚洲和新兴市场的机会相对凸显。未来高腾将持续聚焦于新兴市场 80 多个国家和地区，力争在全球范围内上千个发行人中挖掘出最优美元债标的，同时抓住大量非理性的定价机会。

　　作为专业投资机构，无论市场如何风云变幻，高腾始终长期如一，以积极有为的心态和匹配的投资策略，去应对市场的不确定性。**对于市场，高腾想说的很简单，市场永远存在波动，而波动也带来了多空双向的机会。**

GaoTeng 高腾

- 高腾国际是高瓴资本和腾讯战略投资的资产管理公司。公司控股的高腾海外私募基金管理（海南）有限公司是海南省合格境内有限合伙人首批试点企业。

- 借助高瓴优异的投资能力和腾讯领先的互联网技术手段，高腾国际致力于为全球华人提供优质便捷的投资产品和服务。高腾国际拥有一流的资产管理团队和丰富的境内外投资经验。

- 高腾国际于 2020 年及 2021 年蝉联《财资》评选的 2020 年及 2021 年"亚洲 G3 债券最佳投资机构"第一名（香港，资产管理组别）。

做市场的徒弟，简单、灵活且理性

访谈时间：2022 年 10 月

确定信用周期，是投资的第一步

好买： 信用周期的研究对于固定收益投资至关重要，在您过往 26 年的投资生涯中，共经历了 3 个信用周期，能否与我们分享其中的历程？

侯明伟： 信用是有周期的，且每个周期都会有不同的感悟。牛市周期通常为 7～10 年，熊市周期通常是 3 年，由于会受一些财政刺激救市的影响，时长相对会较短一些。

过去经历的三个熊市周期，第一个是 1997 年的亚洲金融风暴，不少国家收支陷入危机；第二个是 2008 年的美国杠杆事件，体现为雷曼兄弟的破产；第三个就是 2020 年初新冠肺炎疫情下的市场。最大的差异是这一次的危机是全球性的，因此这一次的熊市也和以往有很大不同，除了下行速度较快，随着全球性央行与政府的政策扶持双管齐下，反弹的速度也很快。

好买： 您认为目前我们处在哪个信用周期？

侯明伟： 我认为 2020 年第三季度或年终就已经步入了金融市场的牛市，当下为信贷牛市周期的中期修正阶段，而非周期结束。当然金融市场可能和实体经济有所脱节，通常金融市场是一个指针，会比实体经济快一年半载。从新兴市场的角度来看，企业基本面处于十多年来最强劲的水平，为经济衰退或持续通胀压力提供了重要缓冲。更重要的是，新兴市场企业在疫情后成功地降低了杠杆，而利息覆盖率仍然很高。同时新兴市场的信贷轨迹在疫情后有所改善，具体体现为偿付能力的提升。

好买： 在您所经历的三个周期中的三轮熊市里，与其他同策略基金相比，您的收益表现比较亮眼，能否谈谈当时的投资操作？

侯明伟： 首先要做的就是确定信用周期，并且需要一个坚定的判断。2017 年底我们认为已经步入了信用的熊市周期，尽管这个判断与市场的感觉相反。信用投资有两个指标，第一个指标是信用利差，2017 年底是最狭窄的一个时段；第二个指标是违约率，违约是最大的风险，而 2020 年违约率已达到全球最低水平。此外 2018 年美国利率曲线开始出现倒挂现象，意味着可能会有经济萧条。2020 年疫情之下大环境也有所变化，加速了经济萧条，尤其是国际货币基金组织陆续下调经济预期，所以我们分析认为信用轨迹是下滑的，布局也会比较谨慎。2022 年我们仍然保持谨慎，虽然认为 2020 年下半年是牛市的开端，但违约率还没有达到峰值，预计还有隐藏的违约风险会表现出来。

对周期的判断，离不开团队充分深入的市场研究。市场是动态变化的，我们必须始终置身于市场，与市场亲密接触，让自己保持一个清醒、理性的状态。

好买： 2020 年 3 月，新冠肺炎疫情冲击全球市场，但当时您的策略表现却非常成功，这一过程中您的策略如何开展？如何捕捉投资机会？

侯明伟： 就像前面所说的，违约率和信用利差是衡量信贷市场的两个关键晴雨表。2020 年 1 月，基于季节性效应的考量，我们暂时偏向战术性做多。随后在判断全球信用市场已经进入熊市周期的基础上，还看到市场对潜在的全球疫情暴发过于掉以轻心，于是在 2020 年 2 月开始果断地调整组合方向，重新制定风险预算。在 2020 年 3 月的第一周，市场的抛售如洪水猛兽般袭来，未给投资者任何喘息的机会。很多投资人全然顾不得标的估值，闭眼交割只为尽快筹集现金以满足保证金要求或基金赎回申请。因此我们也从中获取了较好的收益。

同时我们的主题识别非常成功，重点识别出因潜在全球疫情而受到供应链中断影响的行业并进行做空，即使只用了非常有限的风险预算，也撬动了大量的超额阿尔法收益。在对包括 2001 年"9·11"事件、2003 年非典疫情和 2011 年日本核灾难在内的危机进行充分比较研究的基础上，我们确定了航空、汽车制造和大宗商品这三个行业或为最大受害者，所以做了相应的配置。

好买： 您刚刚提到，其实基金对于整个组合策略的调整还是非常及时的，通常当市场出现什么样的变化时，您会考虑调整组合策略？

侯明伟： 第一看周期，信用周期是重中之重；第二看趋势，明辨市场的走向；第三看调仓的季节性，这扮演了很重要的角色。有一个玩笑这样说：在这个市场里做基金经理，或许不需要全年全职，在二季度放假回来的 9 月把仓位填满，在来年的 1 月全部卖出，你就可以收获一整年的收益。当然这只是玩笑，但市场表现也多次印证了季节性的存在。

同时，我们也要衡量市场的两个因素，一个是恐慌，一个是贪婪。贪婪后逐渐恐慌，恐慌后重新跑向贪婪，去追回收益，所以市场永远存在波动，而波动会带来多空双向的机会。以我们主要投资的美元债为例，2013 年出现了利率恐慌，整个信用市场规模缩减，债券下跌明显。但回头来看，在那一年最恐慌的时候入场，来年的收益非常可观，长期看还是存在收益追踪。总之，我们主要从以上几个角度去考虑，在宏观上做判断，然后通过整体风险预算来管理组合。

好买： 您认为驱动市场流动性的主要因素有哪些？它们又如何去准确

估值和价格发现?

侯明伟： 我们的策略本身十分强调流动性，整体换手率非常高，也期望能够在五个工作日内以最小的摩擦成本清算账面。无论是持有不到一个月的战术性头寸，还是持有超过一个月的战略性头寸，流动性都是必不可少的，但这一点在过去几年发生了变化。在 2008 年全球金融危机之前，流动性一直很好，但如今卖方的做市活动减少了，库存也降低了。基于询价的电子交易对较小的交易单可能有用，但对于 1000 万 ~ 2000 万美元的较大交易，我们则受益于良好的对手方关系。这当中的重点是，**要对交易对手有认知，只有最好的交易对手才能具备更优的流动性**。所以花很多时间与交易对手做互动，是我非常坚持的一个原则。

"五步骤"循环投资的独到之处

好买： 我们都知道您有独特的"五步骤"投资模型，其中也包括前面提到的主题识别，这样的投资理念如何形成？它又是如何贯穿您的投资生涯？

侯明伟： 其实这"五步骤"是从保德信时期的"四步骤"演化而来，通过研发升级到了第五步，从而使其更适应自己的投资风格。

第一步，风险预算。 我们会定期审视全球宏观投资环境以制定风险预算，将风险暴露调高或调低。研究内外部风险因素，包括股票、外汇、利率、衍生品等。然后决定承担风险的程度，设立一个 PV10%（利差波动 10% 时，对债券和投资组合造成的价格差异）的年度预算目标，定期作出调整（每季、每月、每周及每天）以反映市场主流的看法。

　　第二步，主题识别。主题识别是我们获取阿尔法的源泉，这一步至关重要。研究主管决定每个分析师的研究范围，分析人员负责评估各个国家或行业相应主题中的投资机会。我们每周进行投资回顾分析，形成对国家经济前景、行业趋势、监管政策变化、评级走势、个别事件或市场技术面（如资金流动与新发的季节性）的看法，最终确定主题，配置风险预算。

　　第三步，证券选择。主题筛选之后，证券名单的范围会缩小，我们会对每一种债券进行基本面分析和三次相对估值分析，以进一步筛选可操作的证券。包括：①范围相对估值——绘制其过往走势；②结构相对估值——分析其项目结构和资本结构；③同行相对估值——对比其在相关国家、行业和评级中的估值。

　　与此同时，一旦确定感兴趣的对象，负责的分析师就会对公司和债券结构进行自下而上的基本面研究，然后对债券进行内部评级，并根据信心水平给出买入或卖出建议。对于不良债券和高收益债券，会通过深入研究和金融模型进一步分析，以评估风险和回报。

　　第四步，投资分配策略。投资经理负责持有期回报分析并决定每笔交易的分配策略，即投资持有期限。持有一个月期限以上的分配被认为是战略性的；而低于一个月期限的分配被认为是战术性的。例如事件和评级调整往往有一个潜伏期，因此具有战略性质，而基于市场技术面执行的交易则很可能是战术交易。交易规模取决于分配策略、预期持有期回报、信心水平和证券的流动性。同时投资经理还需在风险预算框架内确定该仓位的有效权重，然后为其分配策略并确定交易规模。

　　第五步，投资组合整合。第一步源于风险，最后一步也终于风险。投资组合调整的目的是使基金的风险与回报目标相匹配。包括投资组合的预期品质、收息率、贝塔和存续期的期望值，组合的结构需要和原本的意图相一致，如有不一致，则会做一些调整。我们每月会对基金的业绩做业绩归因，以便对收益贡献进行分析。同时定期对投资主题进行重新审视，根据市场变化调整头寸，当达到主题目标时，则选择投资结束退出。

衡量所处环境的风险，识别潜在的机会，进行研究和评估分析，决定交易规模和范围，并调整投资组合的风险，所有工作步骤以反馈循环的方式完成。

好买：PV10% 作为事前风险管理指标，其独特性体现在哪里？

侯明伟：对于风控和投资团队来说，PV10% 是一个共同的衡量和管理事前风险的指标。这是基于底层债券仓位利差波动为 10% 时投资组合的价格变动，将风险价值除以组合数值计算得出的相应比率。PV10% 非常适合我们的策略，因为信用利差变动是我们的主要回报来源，也代表着我们主要的风险敞口，所以试图隔离其他风险因素。

好买："五步骤"这个独特的循环投资法总结来说就是"透过主题辨识及债券选择寻求阿尔法，并以风险预算及投资组合整合平衡贝塔"，那具体如何实现？

侯明伟：我们关注周期性、趋势走向以及相应的季节性投资，从三个角度进行宏观的判断，然后通过风险预算全面管理组合，以适应不同的市场条件。从利率收入、资本利得和利差收敛组合中获得收益，其中 70% 以上的收益通过主动寻求阿尔法获得，另外约 30% 的收益则通过管理组合贝塔获得。

尽管全球新兴市场资产类别广泛，但我们的策略是利用主题过滤，缩小可投资范围，从而找到最佳超前机会。诚然，我们并不需要关注每一个发行人，只需聚焦于那些具有高质量阿尔法收益潜力的信用机会。一个典型的信用周期通常由 7 年牛市和 3 年熊市组成。牛市里，我们希望找出一些"明日之星"，从高收益跃升至投资级，伴随的利差收窄可能达到 150 个基点，对应 5 年或 6 年久期债券的资本利得或能达到 8 ~ 10 个点，是相当可观的一个收益。熊市中，我们关注"坠落天使"，由投资级下调至高收益，且利差往往显著走阔，从而获取资本利得。

好买： 关于资本利得，您还有一大投资理念，就是"专注资本利得，而非票息"，能谈谈其中的想法吗？

侯明伟： 与很多信用投资经理不同的是，我们对于利差变化的关注大过票息。作为基本面投资者，我们专注于在信用利差收窄和走阔的变动中获取资本利得。由于是多空策略，资本利得能够穿越周期，无论在牛市还是熊市，都是比较稳定的收益来源。同时，在投资时会相应地对冲货币风险和利率风险，隔离出风险要素，使得组合更专注于利差的投资。一句话来说就是，我们投资于信用的未来走势，而不是当下的面值。

举例来看，如果我们做多 12% 利率的债券，这并不代表我们希望持有一年获得票息。我们的目标是在投资主题迎来收获契机时，在短短几周或几个月内的利差收窄中获得相近的回报。我们并不是票息投资者，有时我们甚至是票息支付者。相反在熊市，在拥有较高确信度会面临降级或违约的情况下，我们并不会犹豫空仓。

伸向新兴市场的投资触角

好买： 目前您投资的触角主要伸向了新兴市场的固收策略，最初是怎么选定这一投资领域的？

侯明伟： 无论是亚太区域、拉丁美洲还是非洲，新兴市场美元债发展的宽度和深度都非常可观，同时交易量也非常大，在牛熊市中都是很好的一个投资板块。

首先，成长空间大，预期收益潜力高。新兴市场的发展潜能大，快速增长的原因之一在于劳动力成本较发达国家相对更低。伴随着人口红利、基础设备日趋完善、劳动力技能水平逐渐提升，经济增长未来可期。在潜在的高收益回报利诱之下，新兴市场债也逐步受到全球资金的追捧。此外，这些年新兴市场的评级也不断提升与进步。

其次，相较于成熟的发达国家市场，潜藏更多错配的交易机会。随着过去几十年的发展，新兴市场催生了很多资本充足率可以媲美发达国家的企业，然而外部环境的不确定性更是带来了大量的价格错配机会以及更厚的风险溢价，这创造了新兴市场独特的交易机遇。

最后，新兴市场资产与美元资产呈负相关性。美元的走强或走弱深刻影响着新兴市场债的表现，新兴经济体货币与美元走势负相关，这也使得配置全球资产的投资人将其作为分散风险的理想标的。

好买： 关于新兴市场这一板块，不少人可能会认为其中的道德风险比较大，对此您如何看？

侯明伟： 其实道德风险并不是一件坏事，主权新兴市场的债务重组也是我们审视的一个投资标的。一些主权国家的整体经济实力较差，预算赤字率可能达到 10% 以上，债务与全国生产总值的比率可能在 80%～160% 之间，存在一些还款压力。加之新冠肺炎疫情的影响，国际货币基金组织会采取更有力的行动给予援助，帮助其缓解偿付压力，将违约推迟 3～5

年。同时国际货币基金组织也会充当一个监督者，这样有利于财务纪律保持在一个较高的水平。这为买入一些国际货币基金组织资助的债券提供了机会，例如一些非洲主权信用，如果债务交易价格低于潜在重组后的预期折价，则可能被错误定价了。整体而言，我觉得道德风险对债券类别反而存在较大的好处。

好买： 从市场表现来看，2022 年大宗商品策略拔得头筹，全年整体收益表现亮眼，一些 CTA 策略全年取得了两位数的收益。您在大宗商品市场也有相应的布局，在这一细分市场的投资思路是什么？

侯明伟： 我们认为 2020 年下半年就是大宗商品一个超级周期的开端，上一次的超级周期是 1990—2018 年。中国是最大的边缘买家，此前"一带一路"的布局带动了这次的超级周期，且美国也是历史上最大的一次延续不断地进行大宗商品买入，所以我非常看好大宗商品周期。但由于大宗商品的波动非常大，作为一个信用投资者，这一领域并非我们的专长，因此我们不会侥幸地去投资大宗商品。我们更关注大宗商品信用，这是一项比较稳固的投资，不是看每周、每月的价格波动，而是看长期的趋势，最终落脚点还是在对偿还能力的判断上。如果趋势是向上的，那么偿还能力就会加强，违约的概率就会降低。投资工具就是通过债券，新兴市场的债券体系非常理想，且容量也非常大，这一板块还是有很多机会可以选择。

好买： 2022 年，"黑天鹅"事件频发，整体大环境比较严峻，尤其在美联储不断加息之下，海外债券市场整体表现较为动荡。您认为这些外部宏观事件对您所管理的固收多空基金有怎样的影响？

侯明伟： 早在年初的时候，我们就已经看到了拖累资产表现的三大风险因素。

第一，发达市场加息周期——市场不断调整评估此轮加息路径。以过往的加息周期经验来看，一旦市场能够较早认定，信用利差其实反而会缩窄。但这一次稍有不同的是，对通胀失控的担忧，让投资者对当前加息周期的美元终端利率的走势感到紧张，前三季度终端利率为 3% ~ 4.5%，市场震荡不止，未来的趋势也不明朗。**第二，全球地缘政治摩擦的深化及升级。**波及全球市场的俄乌冲突使全球局势雪上加霜，它加剧了供应链的中断，也为通货膨胀的激增火上浇油，因此年初以来围绕这一方面我们进行了一些做空的布局。紧接着到来的冬季也将加剧欧洲能源危机和严峻的经济形势。**第三，全球政策风险。**以这两年的中国房地产为例，地产债持续走弱。地产行业的违约率在 2021 年达到 30%，我们预计 2022 年还会持续在 30%。

好买：如何管理当前市场的风险和捕捉投资机会?

侯明伟：2022 年第四季度以来，我们的观点可能和很多基金经理不太一样，我们维持信贷周期中期修正的立场，但同时更加审慎。本轮抛售是信贷周期中持续时间较长的中期调整，由持续的加息以及全球地缘政治冲突的升级等一系列事件引发。当前市场状况可能会使发行人的支付能力和支付意愿同时走低，但长期来看全球新兴市场的信贷轨迹仍保持完好。在具体的应对上，我们会将组合的 PV10% 调整至 0，保持更加中立和审慎的态度，并专注于多空双边的阿尔法机遇，而非整体市场风险端的贝塔收益。

好买：您是否会在当下去预测未来三年的市场走势? 基于对 2023 年市场行情的判断，您会选择投资哪些主题?

　　侯明伟：　预测三年还是太远了，我们更愿意集中关注一季度或者一年的时间周期，同时所看好的投资主题在每一季度或每一年都会有一些更新。我个人对于美联储利率预期的天花板是 5%，如果高于 5%，那可能发新还旧的融资环境就会变差，周期也有可能会改变。未来关注的新兴市场固收投资主题既有做多也有做空。

　　做多的投资主题包括：①依然相信国际货币基金组织是道德风险的好工具，其会支援一些比较弱的国家，尤其是非洲国家；②观察到印尼高收益债券发行人或可进行负债管理优化操作；③中国香港与日本航空业在疫情后重新开放，这其中有潜在的阿尔法；④在评级方面开始做多 BBB，认为 BBB 评级债券普遍隐含违约率被严重夸大；⑤基于印度可再生能源企业的 ESG 承诺，新能源债券或有较为可观的收益率表现，值得投资。

　　做空主题方面，①虽然我对大宗商品的超级周期非常乐观，但还是会关注石油出口国不切实际的石油收入预算，以及对石油勘探与生产公司的潜在暴利税；②随着战争的扩大以及欧洲外围安全问题的加剧，也会做相应的配置；③澳门赌牌竞标的潜在损失增加了现有博彩运营商被做空的风险；④在金融条件急剧收紧的情况下，企业短期内密集的融资需求可能无法得到满足；⑤加息周期会有很大的负担，无法负担的抵押贷款利率将使得全球的房屋建筑商和抵押贷款人面临沉重压力。

强强联手下的投资基因

　　好买：　您是出于怎样的考虑，选择加入高腾这个团队的呢？

　　侯明伟：　高腾的两大股东是高瓴和腾讯，它们都是非常优秀也非常市场化的企业，是各自领域中的佼佼者，不仅给高腾输入了公司的理念与价值观，也提供了大量资源方面的支持。在此基础上，高腾也拥有非常资深的管理团队，从管理层到基金经理，再到中后台的运营、风控、合规等等，人才汇集、共同协作。总的来看，优质的股东背景和资源，团队的人才引进，再加上技术的不断赋能，共同打造了高腾强劲的生命力和竞争力。

高腾是一家宽松的平台型资管公司，投研上的支持非常给力，并且充分信任基金经理。公司层面会设立相应的合规指标、风控指标，对于一些大的风险点会定期关注，但是在日常的投资交易上，完全授权基金经理，不会干预投资操作。充分的信任和支持很重要。

好买：加入高腾之后，在团队磨合过程中有没有遇到一些有趣的故事，或者投资过程中有没有擦出一些火花？

侯明伟：基于市场的需求，包括对拉丁美洲、非洲、欧洲等主题投资的需要，我们的团队在这两年整体扩充了不少。同时团队是多元化的，除了国内同事，还有泰国同事、日本同事等，平时对于美元债市场大家基本上都用英语进行沟通。有一次在全公司的会议上，由于用的是普通话，语言不通的同事只能一脸迷茫地全程听天书，并在会后针对会议内容做回顾。所以语言的相互融合也给团队增添了不少趣事。

投资过程中的火花肯定是常有的，尤其是在赔钱的时候。在赔钱的时候，我们更确信是"市场的徒弟"，也要确保所投的每一分钱都对投资者负责，同时吸取经验教训。例如在投资过程中我会询问并尊重分析员的看法和意见，一些分析员可能会对某些债券钻牛角尖，身为领导，我会依据员工的信念投一部分，正确或错误，对于他们而言都是一节很有意义的课。当然在市场的考验中也要始终明确，钱是客户的而不是自己的，需要对此负责。而在这些火花之后，相信每一位团队成员都会得到质的成长。

好买： 全球的新兴市场近 200 个，较大的新兴市场也有 9 个，投资团队如何用少量的人力去覆盖这么多的市场？

侯明伟： 这是一个很好的问题，也是很多投资者都关注的事。全球新兴市场非常肥沃，有很多创造阿尔法的机会。我们可以做信用分散，可以做多也可以做空，且无论信用轨迹是上升还是下滑都能创造回报。那具体如何聚焦呢？其实靠的还是"五步骤"。我们在第二步主题识别完成后，就已经把视野聚焦在 10 ~ 12 个不同的主题，从千万个不同债券中筛选出每个主题下的 50 ~ 100 个，然后再精选两三个进行投资。换句话说我们不需要懂每一个发行人，只需要懂得分配时间，聚焦特定的主题。这也就是我们四两拨千斤的秘诀。

好买： 在您整个投资框架以及投资理念形成的过程中，有什么样的感悟和领会可以和我们分享？

侯明伟： 从债券分析员到基金经理，我做投资已经有 20 多年了，也经历了三个熊牛市周期。在这期间学到了很多有用的东西，同时也有一些经验总结，我认为是做好投资的关键点。

第一，**做市场的徒弟，而不是师傅**。坚信市场永远是对的，在市场中不断吸取新的知识、新的想法、新的投资理念，这是长期做好投资非常重要的一个条件。

第二，**不要只坚持一个观点**。有人可能觉得这是个很好的信用，市场再怎么差也选择不卖，而这对于一个流动性高的策略来说并不是一件好事。坚持到最后可能是对的，但这个过程或许太过曲折。我们不会永远坚守一个想法或产品，而是会根据大环境的变化和时点的好坏做权衡，比如可以先把它卖掉，然后等到更便宜的价格时再买回来。

第三个，**别把事情复杂化**。对冲品种不同，比例和时机不对，以及相对性发生改变，均会导致对冲效应受影响，因此投资简单化、组合简单化是较好的应对方法，也是对我投资生涯影响颇深的一个理念。